A responsabilidade do Estado e do Magistrado

em decorrência da deficiente prestação jurisdicional

K891r   Kraemer, Eduardo
        A responsabilidade do estado e do magistrado em decorrência
        da deficiente prestação jurisdicional / Eduardo Kraemer. — Porto
        Alegre: Livraria do Advogado Ed., 2004.
        120p. 14x21 cm.

        ISBN 85-7348-318-0

            1. Tutela jurisdicional. 2. Responsabilidade do Estado. 3. Juiz.
        I. Título.

                                            CDU – 347.511

        Índices para o catálogo sistemático:

        Tutela jurisdicional
        Responsabilidade do Estado
        Juiz

        (Bibliotecária responsável: Marta Roberto, CRB-10/652)

EDUARDO KRAEMER

A responsabilidade do Estado e do Magistrado

em decorrência da deficiente prestação jurisdicional

livraria
DO ADVOGADO
editora

Porto Alegre 2004

© Eduardo Kraemer, 2004

Capa, projeto gráfico e composição de
Livraria do Advogado Editora

Revisão de
Rosane Marques Borba

Direitos desta edição reservados por
Livraria do Advogado Editora Ltda.
Rua Riachuelo, 1338
90010-273 Porto Alegre RS
Telefax: 0800-51-7522
livraria@doadvogado.com.br
www.doadvogado.com.br

Impresso no Brasil / Printed in Brazil

Dedico essa obra ao
João Armando, Mariana e Elisabeth.

Prefácio

Seja pelo autor, seja por sua obra, sinto-me pessoalmente homenageado e honrado pela oportunidade de formular esta apresentação do livro do Magistrado e Professor EDUARDO KRAEMER. Muito embora não seja o momento de discorrer sobre o conteúdo do trabalho nem o de formular qualquer consideração própria sobre o tema, antecipando-me ao leitor e frustrando a sua justa expectativa de fazer a sua própria leitura do texto, penso ser oportuno destacar alguns pontos sobre a pessoa do autor e este trabalho, inicialmente apresentado como dissertação e requisito final à obtenção do título de Mestre em Direito pelo Programa de Pós-Graduação em Direito da Pontifícia Universidade Católica do Rio Grande do Sul, onde foi orientado – com a habitual firmeza, competência e erudição – pelo ilustre Professor Doutor JUAREZ FREITAS.

No que diz com a pessoa, ainda que não se vá aqui colacionar todos os dados curriculares, nunca é demais destacar algumas das muitas virtudes de nosso autor que ora lança o seu primeiro livro individual. EDUARDO, além de ter obtido a terceira classificação no concurso para o ingresso na carreira do Ministério Público de nosso Estado (chegou a ocupar por alguns meses o cargo de Promotor de Justiça), foi aprovado em primeiro lugar nas provas para a Magistratura, que exerce desde 1989. Como Juiz de Direito, tem conseguido demonstrar de modo irrefutável que é possível conciliar presteza e qualidade na prestação jurisdicional, condição que lhe outorga ainda maior autoridade em discorrer a respeito da temática versada nesta obra. Soma-se a isto sua profícua carreira como professor universitário na UNISINOS, nos cursos de graduação e especialização em Direito, além de suas aulas na Escola

Superior da Magistratura (AJURIS), bem como em outros cursos de renome, tudo sem prejuízo do constante aperfeiçoamento, do que dá conta a circunstância de estar cursando o Doutorado em Direito na UNISINOS. A despeito de seu êxito como Juiz e professor, EDUARDO segue sendo uma pessoa simples e amável, dedicado à família e aos amigos, comprovando que felicidade pessoal e sucesso profissional não implicam capitulação em face dos vícios da empáfia e da arrogância.

Já no tocante ao livro, EDUARDO – assim como no exercício do magistério jurídico – não apenas demonstrou sua competência como pesquisador e cientista do Direito, mas soube conciliar a boa teoria com a práxis, formulando uma dogmática sólida e informada pelos princípios fundamentais que presidem a nossa ordem jurídica, sempre com o intuito de contribuir para a solução dos mais relevantes problemas da vida e do Direito. Não se trata, portanto, de uma dogmática estéril, marcada pela herança de um positivismo legalista e formal, mas, sim, de uma obra comprometida com uma postura jurídico-científica impregnada dos mais relevantes valores da humanidade, no contexto de um pós-positivismo do qual, entre nós, nos fala PAULO BONAVIDES.

Ainda que o objeto precípuo do trabalho – tal qual anunciado no título – seja a discussão da responsabilidade do Estado e do Magistrado em decorrência da deficiente prestação jurisdicional, a obra discorre, em última análise, sobre algumas das principais facetas de um dos mais nobres direitos (e princípios) fundamentais de qualquer Estado que se pretenda Democrático e de Direito, qual seja, o direito – e garantia – de acesso à Justiça e a uma boa (portanto necessariamente efetiva) Jurisdição, sem o qual a mera previsão dos demais direitos no corpo de uma Constituição de pouco ou nada serviria, especialmente em se considerando que a inviolabilidade dos direitos fundamentais, anunciada no artigo 5º da nossa Lei Fundamental, evidentemente não possui o condão de afastar, por si só, ofensas e ameaças aos direitos, mas justamente expressa a obrigação do Estado (assim como da sociedade como um todo) com a eficiente proteção e promoção da dignidade da pessoa e dos direitos a ela inerentes.

Por outro lado, ao mesmo tempo em que evitou o sedutor apelo da banalização e/ou panfletarização do discurso, EDUARDO conseguiu não recair na tentação de um corporativismo excludente, já que a luta pelos legítimos interesses de um grupo ou corporação não constitui, em si mesmo, um mal, mas um ingrediente inerente ao melhor jogo democrático. Além disso, EDUARDO logrou agregar novos aportes e perspectivas à discussão proposta no trabalho, além de enriquecer a argumentação já deduzida no âmbito da melhor doutrina nacional, demonstrando que para o jurista o maior desafio é o de perceber a feição sistêmica do Direito (evidentemente no sentido de um sistema materialmente aberto) e que a melhor solução sempre passa – no sentido da original trajetória apontada por seu orientador, JUAREZ FREITAS – por um processo de hierarquização de princípios e regras (e, portanto, também de valores), sem o qual toda e qualquer tentativa de superar as antinomias inerentes ao sistema jurídico está desde logo fadada ao insucesso.

Por derradeiro, a madura e responsável reflexão promovida por EDUARDO neste livro, enfrentando uma temática de alta complexidade e repercussão, certamente haverá de ser recebida com entusiasmo pela comunidade jurídica, de tal sorte que só me resta externar os mais efusivos parabéns ao autor e à Livraria do Advogado Editora por mais esta iniciativa.

Porto Alegre, agosto de 2004.

Prof. Dr. Ingo Wolfgang Sarlet

Sumário

Apresentação (Eugênio Facchini Neto) 13

Introdução 17

1. Responsabilidade civil 21
   1.1. Construindo a evolução e o conceito 21
   1.2. A responsabilidade civil no Brasil 32
   1.3. A caracterização da responsabilidade civil 34

2. Responsabilidade do Estado 37
   2.1. Considerações gerais 37
   2.2. Evolução histórica 39
   2.3. A responsabilidade extracontratual do Estado –
      construindo um conceito 41
   2.4. Elementos da responsabilidade extracontratual do
      Estado 48

3. Responsabilidade do Estado pelos atos jurisdicionais 55
   3.1. A Magistratura e o Estado 56
   3.2. Características da função jurisdicional 62
   3.3. A responsabilidade do Estado pela deficiente prestação .
      jurisdicional 66
   3.4. Ações jurisdicionais danosas 72
   3.5. Atos judiciais sujeitos à eventual reparação 73
   3.6. Causas impeditivas da responsabilidade. 86
      3.6.1. Existência de recurso ordinário ou extraordinário . 87
      3.6.2. Os atos judiciais e a coisa julgada 87

4. A responsabilidade pessoal do Juiz 93
   4.1. Considerações gerais 93
   4.2. A responsabilidade do juiz por deficiente prestação
      jurisdicional 94
      4.2.1. Exame da possibilidade de o magistrado ser
         diretamente demandado 96
      4.2.2. Análise da necessidade de ajuizamento da ação
         apenas contra o Estado 97

5. O dano e a extensão da reparação 101
  5.1. O dano moral – generalidades 104
  5.2. Dano moral e a responsabilidade extracontratual do
    Estado 107
  5.3. A morosidade no julgamento e o dano moral 108

Síntese conclusiva 111

Referências bibliográficas 115

Apresentação

A especial responsabilidade do Estado por ato danoso praticado por seus agentes começa a delinear-se, em sua feição moderna, com o *arrêt Blanco*, julgado pelo *Tribunal de Conflits*, em 1873. Essa famosa decisão francesa representa o início da superação da antiga doutrina da irresponsabilidade do Estado, fixando a autonomia da responsabilidade do Estado frente aos princípios que presidem a responsabilidade civil nas relações privadas. Começa-se então a perceber que as regras que devem nortear a responsabilidade do Estado não são as mesmas que disciplinam as relações entre particulares. A idéia, porém, encontrou resistência, tanto assim que somente em 1947, com a edição do *Crown Proceeding Act*, é que cai, na Inglaterra, o último baluarte da doutrina da irresponsabilidade do Estado (*The King can do no wrong*).

Assim, há muito está assentada, no cenário jurídico de todos os países dos sistemas romano-germânico e da *common law*, a responsabilidade do Estado pelos atos danosos praticados pelos servidores da administração pública, ou pelo mau funcionamento de um serviço público. Todavia, dúvidas e divergências ainda persistem quanto à responsabilidade do Estado pelos atos praticados no exercício do poder legislativo e do poder judicial. Ainda que predomine o entendimento de que também nessas funções típicas de Estado deva haver a responsabilidade estatal pelos prejuízos eventualmente causados aos cidadãos, são controvertidos alcance, abrangência e limites de tal responsabilidade.

A responsabilidade do Estado e do Magistrado

No direito francês, a Lei 72-626, de 5 de julho de 1972, estabeleceu, em seu art. 11, que "O Estado é obrigado a reparar o dano causado pelo funcionamento defeituoso do serviço judiciário. Tal responsabilidade ocorrerá somente nos casos de culpa grave (*faute lourde*) ou de denegação de justiça (*déni de justice*). A responsabilidade dos juízes em razão de sua culpa pessoal é disciplinada pelo estatuto da magistratura (...). O Estado indenizará as vítimas dos danos causados culposamente pelos juízes e outros magistrados, ressalvado o direito regressivo contra os mesmos."

Já no direito italiano, em razão de clamoroso erro judiciário que mobilizou a opinião pública, um referendo popular obrigou o legislativo a editar lei disciplinando a responsabilidade dos juízes. Trata-se da Lei 117, de 13 de abril de 1988. Como regra, também aqui predominou o entendimento de que o Estado responde diretamente perante o cidadão prejudicado pelo mau funcionamento do serviço judiciário, agindo regressivamente contra o magistrado que tiver agido dolosamente ou com culpa grave.

No caso brasileiro, não temos uma lei que trate especificamente da matéria. Dispomos de dispositivos esparsos, prevendo casos pontuais de responsabilidade, além de alguns princípios mais genéricos. Daí a existência de profundas divergências sobre determinados aspectos da responsabilidade dos magistrados brasileiros e do Estado pelos atos danosos praticados no exercício da jurisdição.

A presente obra, fruto de aprofundada pesquisa e reflexão do autor, que lhe garantiu o título de Mestre em Direito, pela Faculdade de Direito da PUC/RS, analisa com maestria as questões relacionadas à possibilidade e limites da responsabilidade do Estado pelos atos jurisdicionais, abordando também o tema da responsabilidade pessoal do juiz.

Sabem todos os que militam na área quão árduo é o tema e como ainda é escassa a bibliografia pátria de qualidade a respeito do mesmo. Se aparentemente o disposto no art. 37, § 6°, da Constituição Federal não distingue entre os diversos tipos de agentes públicos, a questão não é de tão fácil solução, diante das peculiaridades que rodeiam a prestação jurisdicional e a absoluta serenidade e independência com que devem atuar os juízes. Há casos previstos em nossa legislação (Constituição Federal, Lei Orgânica da Magistratura Nacional e Código de Processo Civil) que estabelecem a responsabilidade do Estado, ou do próprio magistrado, pelos atos danosos praticados no exercício de atividade jurisdicional. O problema reside nas hipóteses não expressamente previstas.

A partir dos princípios gerais que presidem a responsabilidade do Estado, bem como dos textos legislativos que disciplinam hipóteses pontuais de responsabilidade por atos jurisdicionais, o autor analisa tanto os casos de responsabilidade do Estado pelos danos derivados de atividade jurisdicional, como os casos de responsabilidade pessoal do juiz pelos prejuízos por ele causados, em razão de ato praticado no exercício da jurisdição.

O autor, um dos mais brilhantes juízes gaúchos de sua geração, tendo logrado o primeiro lugar no seu concurso, não se deixou capturar pelo corporativismo fácil. Não apresentou soluções buscando obter o aplauso de seus pares. Manteve a imparcialidade e objetividade do pesquisador sério e a isenção do magistrado vertical, não hesitando em adotar posições controvertidas.

Eduardo Kraemer, além de magistrado que sempre se destacou pela sua imensa produtividade, é professor universitário (UNISINOS) e da Escola Superior da Magistratura/AJURIS. No biênio em que com ele trabalhei junto à Corregedoria-Geral da Justiça do Rio Grande do Sul, tive o privilégio de aquilatar seu enorme conhecimento jurídico, espraiado por diversas áreas, sua memória prodigiosa, sua criatividade inigualável, tudo isso aliado a um enorme espírito prático e a uma simplicidade pessoal que só os grandes homens possuem. Daí por que está de parabéns a bibliografia pátria sobre o tema, que ora é enriquecida pelo excelente trabalho do professor e magistrado Eduardo Kraemer.

Eugênio Facchini Neto

Juiz de Direito,
Diretor da Escola Superior da Magistratura/AJURIS
Doutor em Direito Comparado (Florença/Itália)
Mestre em Direito Civil (USP)
Professor da PUC/RS (graduação, mestrado e doutorado)

Introdução

A responsabilidade do Estado, em decorrência da deficiente prestação jurisdicional, constitui-se em tema de extrema atualidade, suscitando inúmeras questões a serem solvidas de forma adequada. A cidadania exige a responsabilidade do Estado e, eventualmente, do juiz, quando as tarefas desenvolvidas não se realizarem dentro de padrões aceitos pelo sistema jurídico. A antiga noção da absoluta ausência de responsabilidade do Estado encontra-se abandonada, inexistindo condições políticas e sociais (além das jurídicas) para justificar sua preservação.

Neste quadro, necessário o estabelecimento de limites das reais funções do Poder Judiciário, buscando espaços para o desenvolvimento de suas atividades típicas e peculiares e apenas passíveis de serem desenvolvidas pelo próprio Judiciário, ao menos na concepção de um Estado de Direito.[1]

A responsabilidade judicial deve preservar a liberdade, a criatividade e a independência dos magistrados. A possibilidade de perda pelo magistrado de tais atribu-

---

[1] REALE, Miguel, em sua obra *O Estado Democrático de Direito e O Conflito das Ideologias*, p. 2, assim define a idéia de Estado Democrático de Direito, "[...] poder-se-á acrescentar que o adjetivo *'Democrático'* pode também indicar o propósito de passar-se de um Estado de Direito, meramente formal, a um Estado de Direito e de Justiça Social, isto é, instaurado concretamente com base nos valores fundantes da comunidade. Estado Democrático de Direito nessa linha de pensamento, eqüivaleria, em última análise, a 'Estado de Direito e de Justiça Social'. [...]"

tos pode ocasionar profundos prejuízos no desenvolvimento de suas atividades. A repercussão terá reflexos em toda a sociedade.

Há aspectos fundamentais a serem verificados, quando se examina a responsabilidade do Estado pelos atos judiciais. Não obstante os magistrados desenvolverem atividades públicas, suas funções apresentam uma diferenciação bastante extremada das demais. Equiparar todas as funções públicas pode acarretar conclusões equivocadas. As atividades estatais desenvolvidas apresentam gradações diversas e possibilitam identificar, de alguma forma, situações passíveis de responsabilização, descriminando-as daquelas que, mesmo que presente a insatisfação, não devem conduzir a uma responsabilização civil. A diminuição patrimonial de uma das partes é inerente à própria lógica do sistema de solução de litígios. Assim, quase sempre, experimentará um sentimento de derrota, de perda. A simples perda patrimonial, porém, não é suficiente para justificar a reparação.

Buscando as origens e os requisitos da responsabilidade civil, haverá condições de se construir a adequada concepção da responsabilidade extracontratual do Estado. Não existem condições de elaborar uma teoria relativa à responsabilidade estatal, sem coletar os elementos informadores da responsabilidade aplicável às relações privadas.

Somente após serem ultrapassados esses dois pressupostos metodológicos haverá condições de se adentrar nas questões pertinentes à responsabilidade do Estado, em face da deficiente prestação jurisdicional, bem como a eventual possibilidade de responsabilidade pessoal do magistrado.

Assim, criam-se condições de melhor descrever o sistema vigente no que tange à responsabilidade do Estado por tais atividades. Outrossim, preservam-se as funções essenciais da magistratura, mas sem permitir a irresponsabilidade e a impunidade. As funções judiciais se revestem, hodiernamente, de importância decisiva para a efetivação dos direitos essenciais da comunidade, sendo esta uma das razões para garantirmos, com a máxima independência àquele a quem incumbe o desempenho das mesmas.

De fato o Poder Judiciário apresenta, na concepção moderna de Estado, função fundamental dentro da dinâmica social. Além das clássicas atribuições, o Poder Judiciário apresenta-se como provedor de demandas sociais. Abandona a passividade característica dos últimos séculos para, transformando-se, inclusive, em agente efetivo de tutela coletiva, buscar a concretização dos princípios constitucionais, ensejando a transformação da realidade e uma interação positiva com o corpo social.

Justamente neste momento de mutação de suas funções clássicas, deve o Poder Judiciário ter, sem dúvida, responsabilidade por suas decisões. A responsabilidade judicial pode apresentar quatro desdobramentos: (a) responsabilidade política; (b) responsabilidade social; (c) responsabilidade extracontratual do Estado; (d) responsabilidade pessoal do magistrado,[2] podendo esta última ser de natureza penal, administrativa(funcional) e civil.

Criam-se, pois, diferentes ângulos para a análise da responsabilidade do Poder Judiciário. Nesta obra, centra-se o estudo da responsabilidade extracontratual do Estado por deficiente prestação jurisdicional e da responsabilidade pessoal do magistrado. Cingem-se, portanto, os mecanismos para a reparação de eventuais atos ilícitos praticados no desenvolvimento de atividades judiciais. Busca-se equacionar a recomposição do patrimônio dos cidadãos eventualmente atingidos por nãoadequada prestação jurisdicional.

---

[2] A classificação foi extraída da obra de DERGINT, Augusto do Amaral. *Responsabilidade do Estado por Atos Judiciais*, p. 23.

É evidente que as demais formas de responsabilidade, elencadas alhures, apresentam relevância, não obstante a recomposição patrimonial dos cidadãos em face da não-adequada prestação jurisdicional se constitua no núcleo do presente estudo.

Assim, espera-se colaborar com a presente investigação, para o aprofundamento do papel a ser desempenhado pelo Judiciário na sociedade. A fixação de critérios razoáveis e prudentes para a sua responsabilização sinaliza a manutenção de sua legitimidade dentro do corpo social.

1. Responsabilidade civil

1.1. Construindo a evolução e o conceito

As normas jurídicas buscam a harmonização da vida em sociedade. As regras relativas à responsabilidade civil[3] objetivam criar mecanismos eficazes para a recomposição das lesões ocasionadas em decorrência da prática de atos ilícitos.[4] É uma tentativa de recompor o patrimônio ultrajado pelo ato contrário ao sistema jurídico.

Caio Mário da Silva Pereira[5] revela que a responsabilidade civil consiste na indissociável presença da reparação e do sujeito passivo da relação jurídica que se forma, em decorrência da prática do ilícito. Caracteriza-se a ilicitude como agressão à ordem jurídica.[6] O sistema não permite ofensa a direitos sem a correspondente indenização. No mesmo sentido, Colin e Capitant vinculam a noção da responsabilidade civil à ausência de

---

[3] MAZEUD, Henry e León; TUNC André, informam, em sua obra: *Tratado Teorico y practico de la Responsabilidad Civil delictual y contratual*, p. 1, que a expressão *Responsabilidade Civil* foi extraída de filósofos ingleses do século XVIII.

[4] É sempre atual a lição de Clóvis Beviláqua ao definir em sua clássica, *Direito das Obrigações*, p. 14, ato ilícito como sendo *"[...] aquele que, praticado sem direito, causa dano a outrem, seja uma omissão ou uma comissão."* Não obstante a definição de Clóvis, em momento posterior, no presente trabalho, será efetuada ampla discussão sobre a idéia de ilícito.

[5] PEREIRA, Caio Mário da Silva. *Responsabilidade Civil*.

[6] TURH, A. Von. *Tratado de las Obrigaciones*.

A responsabilidade do Estado e do Magistrado

vínculo obrigacional precedente entre o autor e a vítima do dano.[7] A responsabilidade civil caracteriza-se onde existir agressão a um dever jurídico e, em decorrência dessa conduta, ocorrer algum dano.[8] Além da transgressão à ordem jurídica e do dano, é necessário que entre o agressor e o agredido haja um conflito,[9] pois somente nessas circunstâncias haveria preocupação com a reparação. A responsabilidade civil centra a sua atenção na reparação do dano.[10] Maria Luisa Atienza Navarro[11] busca a definição da responsabilidade civil nos seguintes termos:

"El primero de los requisitos de la responsabilidad aquiliana común es la existencia de una acción humana, consistente en un hacer(comportamiento activo) o en un no hacer(omisión), que há de ser la causa del daño."

A síntese de José de Aguiar Dias,[12] relativamente à noção de responsabilidade civil, é concludente:

"o interesse em restabelecer o equilíbrio econômico-jurídico alterado pelo dano é a causa geradora da responsabilidade civil. Seu fundamento deveria, pois, ser investigado em função daquele interesse, que sugere, antes de tudo o princípio da prevenção, [...] em todas as teorias, guiadas, inconscientemente, salvo a verificação de alguns autores, pelo referido princípio, o que se procura é escolher quem deve suportar o dano. [...] A distribuição do ônus do

---

[7] COLLIN, Ambrósio; CAPITANT, Henry. *Curso Elemental de Derecho Civil*, p. 775.

[8] CAVALIERI FILHO, Sérgio. *Programa de Responsabilidade Civil*.

[9] MAZEUD, Henry e León; TUNC. *Op. cit.*, p. 3.

[10] SILVA, Américo Luís Martins da. *O Dano Moral e a sua Reparação Civil*, p. 21.

[11] NAVARRO, Maria Luisa Atienza. *La Responsabilidad Civil Del Juez*, p. 66.

[12] DIAS, José de Aguiar. *Da Responsabilidade Civil*, p. 35.

prejuízo atende, primordialmente, ao interesse da paz social."

No mesmo sentido Luiz da Cunha Gonçalves[13] revela, *in verbis*:

"[...] a obrigação que a lei impõe ao autor de qualquer dano, injustamente causado a outrem, de ressarcir o respectivo valor, quer esse dano resulte da inexecução duma obrigação preexistente, quer de um acto ou duma omissão ilícitas e estranhas a qualquer contrato, constituindo infracção ao dever moral e princípio geral do direito expresso na velha máxima: 'não lesar a ninguém'".

A responsabilidade civil busca, portanto, a harmonia dentro dos componentes da sociedade, repudiando a prática de atos ilícitos. O aprimoramento conceitual relativo à responsabilidade civil é uma exigência da sociedade moderna, onde, de forma acentuada, existe uma massificação das relações interpessoais. Justamente, diante da amplitude dos conceitos relativos à responsabilidade civil conforme mencionado, necessário buscar a essência do instituto: o ato ilícito.[14] A responsabilidade civil, em síntese, busca atenuar os efeitos produzidos pelo ato ilícito. Mostra-se, portanto, necessária a delimitação conceitual do ato ilícito. A demonstração de sua estrutura lógica é essencial para a percepção do instituto. Não obstante a exigência do ato ilícito como fonte capaz de gerar o dever de indenizar, algumas legislações guardam silêncio relativamente à expressão *ilícito*. Neste sentido, citam-se as legislações espanhola e francesa. Em realidade, tais legislações consagram o princípio *neminem laedere* – a proibição de causar dano a

---

[13] GONÇALVES, Luiz da Cunha. *Tratado de Direito Civil*, p. 452.

[14] É importante salientar que a expressão utilizada não abarca contornos absolutos, pois os atos praticados em estado de necessidade, por exemplo, podem gerar dever de indenizar e não se constituem em atos ilícitos, conforme se verifica pelo exame do art. 188 do CCB.

outrem. Já o Código Civil italiano estabelece apenas a injustiça como paradigma para definir a possibilidade de caracterização de responsabilidade civil. Injusto ou ilícito, a responsabilidade civil deve emergir, quando há condições de caracterizar o dano como uma violação de interesses juridicamente protegidos e sem justificação em textos legais.[15]

A compreensão do ato ilícito passa, obrigatoriamente, pelo entendimento da antijuridicidade. A antijuridicidade caracteriza-se pela desconformidade entre o ato é a norma legal.[16] Em algumas oportunidades, a antijuridicidade não acarreta agressão a direitos subjetivos de terceiros, a ordem jurídica apenas declara sua ineficácia.[17] A antijuridicidade somente interessa para a construção da responsabilidade civil, quando a desconformidade entre o ato e a norma acarrete lesão a algum direito subjetivo. A agressão a algum direito subjetivo para caracterizar ato ilícito deve, obrigatoriamente, causar dano ao terceiro.[18] É possível identificar, ainda, antijuridicidade despida de aspectos subjetivos. A conduta não se reveste de aspectos subjetivos, apesar de, o sistema estabelecer a possibilidade de responsabilização. Encontramo-nos diante da hipótese de antijuridicidade objetiva; nessas condições, é possível afirmar a ocorrência de responsabilidade civil objetiva. Não se trata de ilícito objetivo; o ato ilícito apenas pode ser demonstrado nas hipóteses de conduta culposa ou dolosa. Caso haja possibilidade de configurar a antijuridicidade objetiva, trata-se de mero dever de indenização É o texto legal que determina a reparação, e não o exame da deficiente conduta do agente, circunstância absolutamente diversa.

---

[15] NAVARRO, Maria Luisa Atienza, *Op. cit.*, p. 69.

[16] GOMES, Orlando. *Obrigações*, p. 253.

[17] No pertinente ao tema ver SILVA, Américo Luís Martins da, *Op. cit.*

[18] Conforme GOMES, Orlando. *Op. cit.*, p. 254.

A configuração e delimitação do ato ilícito se constitui em instrumento essencial para a exata compreensão da extensão da responsabilidade civil. O dever de indenização, obrigatoriamente, atravessa a concepção sobre a ilicitude. A indenização exige a concretização conceitual do ilícito. Necessário o exame, se apenas a ilicitude pode ser fundamento para a responsabilidade civil – na responsabilidade extracontratual do Estado, em algumas hipóteses, admite-se a possibilidade de responsabilidade mesmo quando o ato estiver revestido de licitude.[19] Nas relações privadas, normalmente se identifica a responsabilidade, quando o autor do dano age de forma contrária a um dever preexistente.[20] Não obstante existem situações particulares, descritas de forma magistral por Mario Júlio de Almeida Costa,[21] quando se admite a possibilidade, mesmo em relações privadas, que atos lícitos produzem o dever de indenizar, *in verbis*:

"[...] Ainda se admite, excepcionalmente, que a obrigação de indenização possa resultar de uma conduta lícita do agente. É o que acontece quando, na hipótese de uma pessoa lesar, em benefício de um direito ou interesse juridicamente protegido e mediante a prática de acto lícito, um direito ou interesse de outrem, a lei confira a este último uma pretensão de indenização contra o beneficiário. Trata-se, sem dúvida, de uma solução justa: permite-se a satisfação de um interesse qualificado, colectivo

---

[19] Neste sentido admite-se a responsabilidade extracontratual do Estado, mesmo quando haja atos lícitos, quando se tratar de atos anormais e especiais, em decorrência da aplicação do princípio da igualdade dos encargos públicos. A respeito, existe excelente monografia de CANOTILHO, José Joaquim Gomes, in *O Problema da Responsabilidade do Estado por actos ilícitos.* Existe, igualmente, sobre o tema artigo do professor SILVA, Clóvis Veríssimo do Couto e, ainda inédito, no mesmo sentido de CANOTILHO, José Joaquim Gomes.

[20] Conforme PEREIRA, Caio Mário da Silva, *Instituições de Direito Civil*, p. 416.

[21] COSTA, Mário Júlio de Almeida. *Direito das Obrigações*, p. 551.

A responsabilidade do Estado e do Magistrado **25**

ou individual, mas, em virtude de considerações de razoabilidade, impõe-se a obrigação de indemnizar os danos causados a terceiro."

A nota característica na formulação exposta pelo prof. Almeida Costa reside na origem lícita da conduta do agente. O eventual prejuízo suportado pelo agente foi em decorrência da necessidade de preservar direito de terceiro. É evidente que a possibilidade de existir responsabilidade civil em virtude de atos lícitos é excepcional dentro do sistema A regra é a construção da responsabilidade civil alicerçada na prática de atos ilícitos.

É possível se cogitar algumas hipóteses nas quais, embora exista a prática de atos que causem prejuízos a terceiros, não haja possibilidade de configuração da ilicitude, impossibilitando imputar responsabilidade ao agente. Cogita-se a legítima defesa, estado de necessidade ou exercício regular de direito.[22] Nessas três hipóteses, presentes se encontram o ato omissivo ou comissivo, o nexo de causalidade e o dano, apenas não existem condições de configurar responsabilidade, em face de justamente ter o sistema criado mecanismos de exclusão da responsabilidade. É próprio do sistema criar meios para permitir que algumas condutas, normalmente consideradas ilícitas, possam serem excluídas de qualquer possibilidade de responsabilidade. Afasta-se o conteúdo da antijuridicidade, retira-se a possibilidade de reparação.[23]

O conceito sobre responsabilidade civil apresenta pontos de conexão com a responsabilidade extracontratual do Estado. Ambas exercem funções de reparar danos injustamente produzidos.[24] Traduzem a idéia con-

---

[22] GOMES, Orlando. *Introdução ao Direito Civil*, p. 544.

[23] A doutrina em alguns casos admite reparação mesmo nessas situações.

[24] É possível imputar responsabilidade ao Estado, além do dever de indenizar em face de atos ilícitos eventualmente imputados ao Poder Público, as situações em que o Estado não permite a igualdade dos encargos públicos e haja a prática de atos anormais e especiais.

vergente da necessidade de recomposição do patrimônio ultrajado.

Fixada a idéia de recomposição, de busca do equilíbrio social, os diversos sistemas jurídicos evoluíram na tentativa de aperfeiçoar a difícil equação da obrigatoriedade de indenizar e a extensão da reparação. Nesse aspecto, existe possibilidade de fixarem-se os elementos que sempre ilustraram a responsabilidade civil.

A busca de elementos históricos, relativamente à responsabilidade civil, terá a virtude de permitir uma adequada leitura do instituto. Não existem condições de dispensar o estudo da história, pois, apenas com a compreensão de sua evolução, haverá possibilidade de entender-se a extensão que é atribuída a ela nos dias atuais.

Assim, pela importância e pela influência que exerceram, há necessidade do exame do sistema romano e das características gerais do Direito francês. Registre-se, ainda, possuir a evolução histórica condições de prestar subsídios para uma perfeita equação da questão pertinente à responsabilidade.

A evolução da responsabilidade civil no Direito romano possui seu marco inicial na vingança privada,[25] na reação espontânea do cidadão em decorrência da agressão ao patrimônio.[26] A perda do equilíbrio patrimonial, decorrente do ilícito, acarreta a busca pela recomposição da posição perdida.

A fase mais primitiva do direito romano não apresentava distinção entre as esferas civil e penal. Apenas entre delitos privado e público. Os delitos privados, únicos a interessar no presente, caracterizavam-se por

---

[25] LIMA, Alvino. *Culpa e Risco*, p. 20.

[26] É importante salientar que o Direito romano apenas realizava a distinção entre delitos públicos e privados. Públicos eram os ilícitos que atingiam normas de interesse social, e privados, os delitos causadores de danos à própria pessoa ou a seu patrimônio.

agressões à pessoa ou ao patrimônio.[27] Quanto ao cometimento de delitos – o Direito romano apenas conhecia quatro espécies de delitos privados (furto, dano, injúria e rapina). Além desses, poderia o pretor conceder *actiones in factum*.[28] Moreira Alves revela que, no período clássico,[29] a pena decorrente de um delito privado se caracterizava pelo punitivo. A concepção moderna de ressarcimento não se encontrava presente nessa fase. A estrutura utilizada era semelhante as penas públicas.

Pedro Bonfante[30] revela que a idéia de punição apresenta sensível declínio com as instituições de Gaio e Justiniano. A pena passa a possuir a moderna concepção de ressarcimento.

Inaugura a *Lex Aquilia* uma nova fase sobre a responsabilidade civil no Direito romano. Caio Mário da Silva Pereira[31] refere ser o maior avanço da *Lex Aquilia* a substituição do antigo sistema de multas fixas – decorrência da concepção relativa à noção de delitos privados, por uma pena proporcional ao dano causado.

Atribui-se à *Lex Aquilia* a origem da culpa como elemento caracterizador da responsabilidade civil. Entre os romanistas, existe uma discussão objetivando buscar na *Lex Aquilia* um marco referencial na inserção da culpa como elemento integrante da responsabilidade civil. Não obstante a discussão, a *Lex Aquilia* possibilita um alargamento das ações de responsabilidade, ocasionando sensível substituição do sistema de penas ainda vigente no Direito romano.

---

[27] ALVES, José Carlos Moreira. *Direito Romano*, p. 266.

[28] Idem, p. 314, define da seguinte maneira as actiones in factum: "[...]são aquelas em que, [...], parte da fórmula se descreve simplesmente fato que, se verdadeiro, determinará a condenação do réu."

[29] O direito clássico deve ser entendido como a fase que perdura até a assunção de Justiniano – 527 d. c.

[30] BONFANTE, Pedro. *Intituciones de Derecho Romano*, p. 528.

[31] PEREIRA, Caio Mário da Silva. *Responsabilidade Civil*. p. 4.

José de Aguiar Dias[32] realiza a seguinte síntese do Direito romano:

"[...] da vingança privada ao princípio de que a ninguém é lícito fazer justiça pelas próprias mãos, à medida que se afirma a autoridade do Estado; da primitiva assimilação da pena com a reparação, para a distinção entre responsabilidade civil e responsabilidade penal, por insinuação do elemento subjetivo da culpa, quando se entremostra o princípio *nulla poena sine lege*. Sem dúvida, fora dos casos expressos, subsistia na indenização o caráter de pena. Mas os textos autorizadores das ações de responsabilidade multiplicavam-se, a tal ponto que, no último estádio do direito romano, contemplavam, não só os danos materiais, mas também os próprios danos morais".

Igualmente, Alvino Lima[33] revela não existir maior relevância na discussão sobre a introdução pela *Lex Aquilia* do elemento culpa, o importante é o expurgo do conteúdo objetivo produzido pelo conteúdo de pena contido nas fases mais primitivas da responsabilidade civil. Inaugura-se a concepção de que a responsabilidade civil não pode ser encarada como mera pena.

A influência do Direito francês na elaboração da concepção moderna da responsabilidade civil é fato não controvertido. O Código de Napoleão, nesse particular, apresentou influência sobre todas as modernas legislações ocidentais.

É possível, dentro do Direito francês, estabelecer três momentos: (a) a legislação anterior ao Código Civil francês; (b) o Código Civil; (c) as leis posteriores à codificação.

---

[32] DIAS, José de Aguiar. *Op. cit.*, p. 23.

[33] LIMA, Alvino. *Op. cit.*, p. 26.

A fase anterior à elaboração do Código francês, denominada por Mazeaud[34] de *Antigo Direito Francês*, apresenta, como principal característica, a definitiva separação entre as responsabilidades penal e civil.

O período apresenta avanços na responsabilidade contratual, mas como o Direito romano, não lograram apresentar diferenças substanciais entre a responsabilidade contratual e a extracontratual. As construções realizadas são exclusivamente com base na teoria contratual.[35] Não existe uma elaboração mais apurada sobre a idéia de culpa. Permanece a noção da *Lex Aquilia* relativamente à culpa, ou seja, não se logra elaborar algo mais preciso em relação ao elemento subjetivo. O relevante, na criação francesa desse período, diz respeito à definitiva emancipação da responsabilidade civil – construiu-se a autonomia.

O segundo período coincide com a elaboração do Código Civil francês. Consolida, definitivamente, a distinção entre responsabilidade civil e responsabilidade penal.[36] A estrutura da responsabilidade civil passa a observar uma nova concepção.

A codificação francesa estabelece um princípio geral para a responsabilidade civil, que apresenta influência sobre todas as legislações modernas,[37] traduz a noção de serem os indivíduos responsáveis pelos seus atos, e, se tais atos causarem danos a terceiros, desde que haja possibilidade de imputar culpa, há a obrigação de reparar. A cláusula é ampla e apresenta possibilidade de contemplar todas os fatos lesivos passíveis de indeniza-

---

[34] MAZEUD, Henry e León; TUNC André. *Op. cit.*, p. 49.

[35] Idem, p. 57, apresenta a seguinte síntese relativamente ao período: "Las tentativas de los antiguos autores franceses para concretar la noción de culpa tuvieron al menos un efecto sensible: les condujeron a distinguir, como el derecho romano no lo había logrado nunca, la responsabilidad delictual de la responsabilidad contractual; porque tan sólo em última esfera habían construído su sitema de los tres grados en la culpa."

[36] Idem, p. 59.

[37] LIMA, Alvino. *Op. cit.*, p. 27.

30   *Eduardo Kraemer*

ção. A regra não estabelece distinção entre fatos graves ou leves. A totalidade dos fatos pode ensejar o dever de indenização.

O princípio geral de responsabilidade civil criado pelo Código Civil francês apenas exige um elemento comum: a culpa.[38] Consagra-se definitivamente um marco dentro da evolução da responsabilidade civil. Não há condições de retrocesso – apenas avanços no sentido de qualificar a responsabilidade civil.

Há possibilidade de identificação de uma terceira fase na evolução da responsabilidade civil. Identifica-se o momento com a tentativa de superação da culpa como um dos elementos capazes de caracterizar a responsabilidade civil.[39] Uma forte inclinação pela objetivação da responsabilidade civil – a elaboração de um arcabouço teórico em que haja possibilidade de configurar a responsabilidade civil sem o elemento subjetivo, característica fundamental da fase anterior.

Cria-se a teoria do risco. A responsabilidade civil caracteriza-se, sem qualquer espécie de dependência, com o elemento subjetivo. Atribui-se a Sailelles e Josserand as primeiras criações doutrinárias relativas à teoria do risco.[40] Ao Direito francês é possível imputar grande parte da evolução da responsabilidade civil.[41] É possível afirmar-se que a busca de superação do elemento subjetivo ocorreu pelo abandono da concepção individualista. O homem passou a ser concebido como um ser social. Ademais, a complexidade da vida moderna, as múltiplas relações estabelecidas entre os componentes do corpo social, acarretam, obrigatoriamente a necessidade

---

[38] MAZEUD, Henry e León; TUNC André. *Op. cit.*, p. 60.

[39] Idem, p. 86.

[40] A respeito, ver a obra de SILVA, Wilson Melo da. *Responsabilidade Sem Culpa*, p. 54.

[41] A respeito, ver artigo de BAÍA, Jacinto Américo Guimarães, *in* Revista de Direito Civil, p. 50.

de se engendrarem meios eficazes para a restauração de direitos ultrajados.

O abandono da culpa como elemento fundamental à caracterização da responsabilidade civil não logrou, ainda, grande repercussão no direito privado, mas com certeza, apresentou profunda influência no direito público, justamente dentro do alargamento das atividades do Estado. As atividades estatais são capazes de gerar prejuízos ao patrimônio material ou imaterial dos cidadãos. As antigas concepções se revelam absolutamente não-suficientes a preservar a integridade do patrimônio dos cidadãos.

1.2. A responsabilidade civil no Brasil

A evolução realizada nesse ponto diz respeito ao exame da evolução percorrida pela responsabilidade civil, desde os tempos do Brasil Colônia até os atuais dias.

A responsabilidade, no Brasil, apresenta uma ascensão bastante semelhante aos países mais desenvolvidos do ocidente. No período anterior à proclamação da independência, vigiam as ordenações do reino. Não apresentava a legislação vigente à época clara distinção entre o caráter indenizatório e o de multa imposta, eventualmente, ao infrator. Correspondia à fase mais primitiva do Direito francês.

Após a proclamação da independência, com a primeira Constituição, houve a edição do Código Penal de 1830, na qual consta um capítulo intitulado "Da satisfação", no qual se estabelecem os alicerces para a concepção de responsabilidade civil adotada pelo Direito Civil em anos posteriores.[42]

---

[42] DIAS, José de Aguiar. *Op. cit.*, p. 26.

Cronologicamente surge, após, a *Consolidação*, de Teixeira de Freitas, e a *Nova Consolidação*, de Carlos de Carvalho, textos básicos que logram construir de forma positiva os alicerces para o Código Civil que logo a seguir seria promulgado.

Em 1912, é editada legislação relativa à responsabilidade civil das estradas de ferro – na qual existe interessante construção relativa à responsabilidade civil objetiva.

Finalmente, em 1916, é promulgado o Código Civil. A "Codificação" consagra o caráter subjetivo da responsabilidade civil, conforme cláusula geral prevista.[43] O Código Civil, como bem pondera José de Aguiar Dias,[44] adotou: "[...]. o princípio da culpa como fundamento genérico da responsabilidade."

No pertinente à responsabilidade extracontratual, em linhas gerais, a codificação ainda apresenta vigência. É importante ressaltar o papel desenvolvido pela jurisprudência para modernizar e adequar os conceitos expostos na codificação.[45] A responsabilidade contratual exibe profunda alteração com a promulgação do Código de Defesa do Consumidor – antigas concepções são abandonadas. A realidade social e econômica exigiu uma nova postura diante da responsabilidade civil contratual, especialmente quando existe a massificação das relações negociais.

---

[43] A previsão se encontra expressa no art.159 do Código Civil.

[44] DIAS, José de Aguiar. *Op. cit.*, p. 130.

[45] Apenas a título de ilustração, trago à colação decisão do Superior Tribunal de Justiça pertinente à indenização em face de furto de veículo em estacionamento de estabelecimento bancário. O julgamento é um exemplo da adequação jurisprudencial a uma realidade da moderna sociedade. A decisão apresenta a seguinte ementa: " *A jurisprudência do STJ orientou-se no sentido de que o furto de veículo ocorrido em estacionamento de estabelecimento comerciais ou bancários é indenizável e, ainda que se trate de depósito irregular, gratuito, o depositário responde pelos prejuízos"* (STJ – 3ª Turma, REsp. publicado no RSTJ 62/312).

Nos dias atuais, existem tentativas de paulatino abandono da concepção subjetiva. Busca-se a construção de uma objetivação da responsabilidade civil. Não obstante, o novo Código Civil[46] no qual existe a manutenção da cláusula geral da responsabilidade civil fundada na culpa.[47] Outrossim, cria-se a possibilidade de responsabilidâde objetiva perante a regra criada pelo novo Código Civil,[48] quando se consagra a responsabilidade pela natureza da atividade desenvolvida. A estrutura do Novo Código Civil, salvo algumas regras acessórias, não apresenta pontos de extrema diferença com o vigente Código Civil. É importante referir que o projeto de Novo Código Civil disciplina a responsabilidade relativa às relações de consumo,[49] hoje normatizadas em legislação própria.

1.3. A caracterização da responsabilidade civil

A caracterização da responsabilidade civil apresentará os seguintes elementos: (a) ação ou omissão; (b) dano material ou moral; (c) nexo de causalidade entre ação e omissão e o dano produzido; (d) a culpa. A lei civil apresenta uma aproximação às disposições do Código Civil francês,[50] especialmente no pertinente ao elemento subjetivo.

O exame dos elementos componentes da responsabilidade civil acarreta a conclusão de existir necessidade da comprovação da agressão ao patrimônio material ou moral da vítima, agregada ao elemento subjetivo. O centro ainda permanece como refere, lucidamente, Caio

---

[46] O Novo Código Civil, Lei 10.406, de 10 de janeiro de 2002.

[47] Art. 927 do Novo Código Civil Brasileiro.

[48] Art. 927, parágrafo único, do NCCB.

[49] Art. 933 do Novo Código Civil Brasileiro.

[50] DIAS, José de Aguiar. *Op. cit.*, p. 393.

Mário da Silva Pereira: "[...] a vítima de uma ofensa a seus direitos e interesses receberá reparação por parte do ofensor".[51]

Dentre os elementos componentes da responsabilidade civil, a culpa é o que apresenta maior dificuldade de identificação. Em um primeiro momento, é possível identificar a culpa como a violação de um dever jurídico preexistente,[52] a agressão a obrigações jurídicas.[53]

Alvino Lima[54] define culpa como:

"[...] é um erro de conduta, moralmente imputável ao agente e que não seria cometido por uma pessoa avisada, em iguais circunstâncias."

No mesmo sentido, a citação de Planiol, realizada pelo atualizador da obra de Alvino Lima.[55]

A lei civil estabeleceu uma cláusula geral para a caracterização da responsabilidade civil, conforme se pode inferir do contido no art. 159 do Código Civil,[56] cláusula geral que elege os elementos básicos da responsabilidade civil.

Como regra, o direito privado fixa a responsabilidade civil fundada com o requisito subjetivo. Existem, porém, algumas hipóteses, no próprio Código Civil, de responsabilidade objetiva.[57]

A idéia do ato ou omissão, do nexo de causalidade e do dano será objeto de detalhamento nos capítulos

---

[51] PEREIRA, Caio Mário da Silva. *Op. cit.*, p.13.

[52] A respeito ver artigo de LIRA, Ricardo Pereira, *Responsabilidade Civil pelo Furto de Veículo*, p. 9.

[53] É importante salientar que a expressão *"obrigação"* utilizada se encontra em sentido amplo, não podendo ser confundida com o conceito clássico de obrigação utilizado quando da definição do direito obrigacional.

[54] LIMA, Alvino. *Op. cit.*, p. 69.

[55] Art. 159 do Código Civil. *Op. cit.*, p. 104.

[56] Conforme Sérgio Cavalieri Filho, in Programa de Responsabilidade Civil, 2ª edição, Malheiros Editores, p. 27.

[57] CAVALIERI FILHO, Sérgio. *Op. cit.*, p. 148, cita como exemplos os artigos 1529 e 1208, ambos do Código Civil.

seguintes. Existe coincidência conceitual, não havendo necessidade, para evitar-se repetição, de buscar a definição neste momento do exame da responsabilidade.

Os pressupostos exigidos para a configuração da responsabilidade extracontratual no âmbito civil deverão ser observados para a demanda regressiva contra o juiz ou para a caracterização da responsabilidade em decorrência da aplicação do contido na Lei 8429/92. A responsabilidade do magistrado, de forma pessoal, apenas pode ser examinada com base no paradigma subjetivo. Não há como transferir aos juízes a responsabilidade objetiva prevista na cláusula geral da Constituição Federal, conforme se pode verificar. O sistema constitucional vigente afasta para os atos jurisdicionais a regra geral da responsabilidade extracontratual das demais funções do Estado.[58]

O estabelecimento das regras relativas à responsabilidade civil se mostra necessário na presente investigação, tendo em vista os fundamentos da responsabilidade extracontratual do Estado e da pessoal responsabilização do magistrado apresentarem pontos de identificação com os anteriores conceitos. Demonstra-se, assim, a sua utilidade e necessidade para o presente trabalho.

---

[58] Em capítulo próprio o tema será examinado.

2. Responsabilidade do Estado

2.1. Considerações gerais

A responsabilidade extracontratual do Estado possui a mesma finalidade da responsabilidade civil extracontratual – a recomposição patrimonial pela agressão injustificada ao patrimônio de terceiros. A recomposição do patrimônio é o objetivo fundamental, restaurando direitos ultrajados pela ação ou omissão estatal.

Semelhante posição possui Júlio I. Altamira Gigena,[59] apenas com a apresentação de um enfoque diversificado, conforme se pode inferir, *in verbis*:

> "El Estado tiene una doble obligación: atender las necesidades dos los particulares y propender al bien común. [...]el fundamento de la responsabilidad del Estado es el bien común. Es decir, el bien de toda la comunidad y ella no puede encontrase plenamente satisfecha si un miembro o un grupo de sus miembros sufre los daños producidos por la actividad de la administración."

Jesus Leguina Villa[60] apresenta, com precisão, a seguinte função para a responsabilidade civil estatal, *in verbis*:

---

[59] GIGENA, Julio I. Altamira. *Responsabilidad del Estado*, p. 88.

[60] VILLA, Jesus Leguina. *La Responsabilidad Civil de la Administracion Publica*, p. 128.

A responsabilidade do Estado e do Magistrado

"De esta forma, la responsabilidad se presenta como un término de conexión entre el hecho que provocado el daño y el deber de resarcimiento que surge de la previa declaración judicial de responsabilidad dictada en aplicación de un critério establecido por la norma jurídica."

Agustín A. Gordillo revela ser a responsabilidade extracontratual do Estado um dos pontos essenciais do direito administrativo. A reparação de condutas antijurídicas constitui-se em alicerce para a concepção de Estado Democrático de Direito.[61] As condutas antijurídicas podem apresentar apreciação econômica ou serem mera agressão não-apreciável economicamente – dano moral.

O grande número de atividades desenvolvidas pela administração pública em benefício da sociedade pode, em algumas oportunidades, causar prejuízos para os cidadãos. O sistema,[62] por ser coerente e harmônico, não pode deixar os cidadãos sem reparação. A própria concepção do Estado Democrático de Direito exige a reparação, a recomposição do patrimônio lesado ou de eventuais direitos lesados.[63]

Celso Antônio Bandeira de Mello apresenta uma síntese da noção de responsabilidade extracontratual do Estado:

"[...] a obrigação que lhe incumbe de reparar economicamente os danos lesivos à esfera juridicamente garantida de outrem e que lhe sejam imputáveis em

---

[61] GORDILLO, Augustin A. *Tratado de Derecho Administrativo*. Parte Geral.

[62] FREITAS, Juarez. A Interpretação Sistemática do Direito, conceitua sistema jurídico como: "uma rede axiológica e hierarquizada de princípios gerais e tópicos, de normas e de valores jurídicos cuja função é a de, evitando ou superando antinomias, dar cumprimento aos princípios e objetivos fundamentais do Estado Democrático de Direito, assim como se encontram consubstanciados, expressa ou implicitamente, na Constituição."

[63] Conforme GORDILLO, Augustin A., *Op. cit.*, p. 10-5, a origem dos atos ilícitos causados pelo Estado pode possuir sua origem em qualquer esfera de poder, assim podem atos administrativos, legislativos ou judiciais causarem danos aos particulares.

decorrência de comportamentos lícitos ou ilícitos, comissivos ou omissivos, materiais ou jurídicos".[64]

Assim, a compreensão da responsabilidade do Estado perpassa, obrigatoriamente, breve retrospectiva histórica, para após se adentrar no conceito, logrando-se um perfeito entendimento do instituto.

2.2. Evolução histórica

A concepção mais primitiva sobre a responsabilidade do Estado[65] era justamente a idéia de sua absoluta irresponsabilidade.[66] Nessa fase, apenas existia a possibilidade de admissão da responsabilidade pessoal e direta do próprio funcionário público,[67] logo a reparação apenas teria existência se, para o ato lesivo, houvesse cooperação do servidor.[68]

A teoria da irresponsabilidade absoluta do Estado foi abandonada integralmente.[69] Justifica-se a não-ma-

[64] MELLO, Celso Antônio Bandeira de. *Curso de Direito Administrativo.*

[65] O conceito de responsabilidade patrimonial do Estado será desenvolvido posteriormente, nesta fase o objetivo é a identificação das raízes da responsabilidade estatal e efetuar as imbricações entre a responsabilidade patrimonial do Estado e a responsabilidade civil.

[66] Existe interessante justificativa para a idéia da irresponsabilidade na obra de CAHALI, Yussef Said in *Responsabilidade Civil do Estado*, p. 18. O jurista paulista revela que a idéia da irresponsabilidade estaria vinculada a três pressupostos básicos: a) a noção de soberania do Estado; b) ao monopólio de dizer o direito pertencente ao Estado; c) finalmente diante da idéia da soberania e monopólio da produção do direito os atos praticados pelo Estado jamais poderiam ser considerados ilícitos. Eventuais lesões aos direitos dos particulares deveria ser imputada como ato próprio daquele que representa o Estado – servidor público.

[67] Nesse sentido, o texto de SÁ, Hermano de, *Responsabilidade Civil do Estado*, publicado na Revista Forense, p. 260-77.

[68] STOCO, Rui. *Responsabilidade Civil e A Sua Interpretação Jurisprudencial.*

[69] Não obstante parecer absurdo sustentar a não-responsabilização estatal, em passado recente a doutrina sustentava a irresponsabilidade, conforme se pode verificar no artigo de BARROS, Benedicto. *Responsabilidade do Estado e o Direito de Indenizar*, publicado na Revista de Direito da Procuradoria Geral da Prefeitura do Distrito Federal em 1956.

nutenção em face de inexistir qualquer fundamento para o Estado não indenizar os cidadãos, quando ocorrer perante ações omissas ou comissivas algum dano.

Com o declínio da teoria da irresponsabilidade absoluta do Estado, justamente pela ausência de indenização do Estado aos cidadãos lesados, há uma aproximação bastante grande com a concepção privada de responsabilidade civil. Elabora-se, nessa fase, a denominada teoria civilista. A concepção civilista aproxima-se dos institutos consagrados no direito privado para justificar a necessidade de reparação em decorrência de eventuais atos lesivos causados pelo Estado. A teoria civilista funda-se na distinção entre atos de gestão e de império: havendo a prática de atos de império, o Estado seria irresponsável. A responsabilidade estatal, diante da teoria civilista, apenas apresentaria relevância, quando houvesse a prática de atos de gestão e, ainda nessas condições, haveria necessidade de provar a culpa do servidor público.[70]

A teoria civilista foi o embrião para as modernas concepções relativas à responsabilidade patrimonial do Estado. A impossibilidade de a teoria civilista abarcar os elementos essenciais da moderna concepção de Estado acarretou o seu abandono. É a constante mutação da teoria da responsabilidade extracontratual buscando a sua qualificação, ensejando que a mesma possa abranger a totalidade das complexas atividades desenvolvidas pelo Estado.

Com a ausência de possibilidade de a teoria civilista contemplar satisfatoriamente a responsabilidade estatal, criou-se a necessidade de elaborar uma teoria em que houvesse possibilidade de buscar-se a responsabilidade

---

[70] DIAS, José de Aguiar. *Op. cit.*, p. 621, revela que a teoria civilista apresentou o mérito de permitir o rompimento com a anacrônica idéia da irresponsabilidade do Estado. Acrescenta, ainda, ser a teoria civilista marcadamente individualista – adequando-se ao paradigma ideológico utilizado pelo Código Civil Brasileiro.

do Estado e a satisfação dos cidadãos em face de eventuais diminuições patrimoniais.

Cria-se, em decorrência da jurisprudência francesa, a teoria em que o elemento subjetivo é substituído pelo conceito de falta de serviço. O Estado é visto pelos franceses como um prestador de serviços. A responsabilidade do Estado se funda no mau funcionamento dos serviços. O deficiente serviço público vincula-se à noção de negligência. Não existe um abandono da matriz subjetiva, apenas há uma alteração na ótica de sua interpretação.

O deficiente serviço não pode ser examinado com a mesma ótica do direito privado. A interpretação deve-se fundar em princípios hauridos do direito público. Há necessidade de um alargamento conceitual devendo topicamente ser interpretado. O caso concreto definiria a responsabilidade do Estado.

As atividades estatais podem acarretar diminuição patrimonial aos cidadãos, mesmo em atividades lícitas, ensejando a possibilidade, em tese, do dever de reparação. É suficiente que seja comprovado, nesse caso, o ônus excessivo, anômalo e especial para o cidadão. Nessas hipóteses nas quais a anterior teoria se mostra injusta, é necessária a aplicação da teoria do risco administrativo.

2.3. A responsabilidade extracontratual do Estado – construindo um conceito

Não existindo qualquer dúvida da necessidade de o Estado responder pelos atos lesivos, indispensável é a elaboração de conceito, compreendendo os elementos da responsabilidade extracontratual do Estado.

A responsabilidade do Estado pode ser subsumida na noção de controle dos atos da administração. Lembra com propriedade Miguel Seabra Fagundes,[71] que o controle da administração busca a proteção do cidadão em face da administração pública. É o meio pragmático de conter a administração perante eventuais abusos do administrador. Há necessidade de recompor o patrimônio ultrajado.

Esclarece, em linhas gerais, Augustín A. Gordillo[72] ser necessário considerar a responsabilidade extracontratual do Estado em sentido amplo, pois em existindo dano – moral ou material – para qualquer cidadão, emerge o dever de indenizar.

O mesmo Augustín A . Gordillo,[73] assim se posiciona relativamente à responsabilidade do Estado:

> "En efecto, al referirnos a la 'responsabilidad' del Estado debemos considerar, en sentido amplio, que ella existirá toda vez que una persona que há sufrido un daño – material o moral – causado directamente por el Estado, deba ser indemnizado por él. No existe ninguna regla general que determine cuáles son concretamente las condiciones para que esa responsabilidad exista, pues ello depende del caso que se está considerando: en algunos casos se exigirá que la conducta dañosa sea culpable, y en otros no."

Não existe possibilidade de criarem regras gerais para caracterização da responsabilidade do Estado. Os fundamentos que informam a responsabilidade em geral devem ser utilizados como esteio para a responsabilidade estatal. Colhe-se, assim, que a responsabilidade, seja na ótica das relações privadas ou naquelas entre os particulares e o Estado, busca equacionar eventual dese-

---

[71] FAGUNDES, Miguel Seabra. *O Controle dos Atos Administrativos pelo Poder Judiciário*, p. 79-95.

[72] GORDILLO, Augustin A., *Op. cit.*, p. 20-4.

[73] Idem, p. 20-5.

quilíbrio patrimonial ocasionado por condutas omissivas ou comissivas do Estado.

O importante é que se criem mecanismos para resguardar o patrimônio dos cidadãos atingidos – seja por atos ilícitos ou lícitos de onerosidade excessiva.

Nesse sentido, Miguel Reale[74] afirma, *in verbis*:

"[...] uma vez comprovada a existência do prejuízo, derivado do exercício de um poder do Estado, ipso facto surge o dever de indenizar. Para tanto basta que se comprove a existência de um vínculo de causalidade entre a ação do Poder Público e o prejuízo sofrido pelo particular, fato este que deve ser configurado in concreto, em função das peculiaridades de cada caso."

Celso Antônio Bandeira de Mello[75] entende estar caracterizada a responsabilidade extracontratual do Estado "[...] em decorrência de comportamentos unilaterais, lícitos ou ilícitos, comissivos ou omissivos, materiais ou jurídicos". É significativa a divisão em atos comissivos ou omissivos, pois tal discriminação permite afastar radicalismos no pertinente à elaboração da responsabilidade do Estado.[76]

Compreende o conceito atos lícitos e ilícitos. Existe necessidade de alguns esclarecimentos para ensejar uma adequada compreensão da responsabilidade extracontratual do Estado, especialmente no pertinente à responsabilidade extracontratual do Estado em face de atos lícitos.

---

[74] REALE, Miguel. *Responsabilidade Civil do Estado*, p. 24-34.

[75] MELLO, Celso Antônio Bandeira de. *Curso de Direito Administrativo*, p. 596.

[76] É possível identificar no seguinte arresto o acolhimento do conceito de MELLO, Celso Antônio Bandeira de. Op. cit., *in verbis*: "A alegada falta de policiamento no local onde ocorrido o assalto não acarreta a responsabilidade civil do Estado, eis que este só responde pelos danos que seus agentes, nessa qualidade, causarem a terceiros, nos termos do § 6º, do art.37 da CF. Se o roubo não foi atribuído aos policiais, nem se omitido estes, posto que não chamados a intervir, não há que se falar em indenização. – TJSP, ap. 149.140/0, julgado em 23 de julho de 1991" – RT 672/110.

Ao praticar atos lícitos, autorizados pelos textos legais, em princípio o Estado não estaria a praticar lesões aos particulares. Não haveria de forma preordenada o sacrifício de direitos.[77] A responsabilidade do Estado, quando o mesmo prática atos lícitos, somente pode gerar dever de indenizar, quando, indiretamente, acarretarem prejuízos aos particulares. Não é a atividade autorizada pelo legislador que acarreta o dano. O dever de indenizar é um subproduto ocasionado pela ausência de dimensão da previsão legal ou eventualmente da necessidade, diante das exigências sociais, de determinada ação ou omissão estatal.[78]

A responsabilidade estatal revela a possibilidade de caracterização, caso haja prejuízos aos particulares, na medida em que o Estado realize típicas atividades de administração. Hipóteses similares ocorrem em situações que devam ser bem caracterizadas, quando o Estado legisla ou pratica atos tipicamente jurisdicionais. Em síntese, nas três esferas do agir estatal – gestão, legislador ou na distribuição do direito – pode ocorrer sua responsabilização.

A responsabilidade do Estado perante os atos legislativos não é o cerne do presente estudo, mas há necessidade de algumas considerações relativamente à tal espécie de responsabilidade estatal.[79] Exige-se a digressão, diante da peculiaridade de encontrar-se a responsabilidade estatal por atos legislativos inserida,

---

[77] MELLO, Celso Antônio Bandeira de. *Op. cit.*, p. 598.

[78] DIAS, José de Aguiar em sua obra *Responsabilidade Civil em Debate*, p. 219, revela que a culpa não mais apresenta possibilidade de exame na responsabilidade extracontratual do Estado, pois pode ser causa, mas o fundamento do dever indenizar se encontra na Constituição Federal. Refere o autor o antigo art. 107 da Constituição Federal de 1967, com a redação dada pela Emenda nº 01 de 1969, mas o argumento apresenta validade para a vigente Constituição Federal.

[79] CASTRO, Guilherme Couto de, em sua obra *A Responsabilidade Civil Objetiva no Direito Brasileiro*, revela ser relativamente recente a construção da possibilidade de atos legislativos ocasionarem a responsabilidade do Estado.

durante certo período, na noção de irresponsabilidade.[80] Acrescenta-se, ainda, produzir a responsabilidade pelos atos legislativos indagações bastante semelhantes àquelas referidas para a construção da responsabilidade por atos judiciais, pelo menos no que concerne às conseqüências.[81] Em épocas não muito distantes, jamais se cogitaria a possibilidade de o Estado ser responsável por atos legislativos.[82] A idéia era a absoluta não-responsabilização estatal pelos atos emanados do Poder Legislativo. À semelhança com a antiga construção relativamente aos atos judiciais, criou-se a convicção de ser a atividade legislativa típica expressão do poder estatal,[83] acarretando, em conseqüência, a produção de um idéia de absoluta impossibilidade de reparação. As eventuais lesões ocasionadas pelos atos legislativos não apresentariam qualquer espécie de reparação.[84]

A noção da irresponsabilidade, no pertinente aos atos legislativos, encontra-se absolutamente abandonada, assim como no relativo aos atos judiciais.

A moderna doutrina e os mais recentes julgados, especialmente da corte suprema, consagram a possibili-

---

[80] Considerava-se o Estado, igualmente, não responsável em face dos atos judiciais. O raciocínio era muito semelhante ao desenvolvido para justificar a irresponsabilidade estatal diante dos atos legislativos.

[81] A referência diz respeito a verificar-se em que condições é possível a responsabilização, quem deveria ser responsabilizado e as condições para a ação regressiva.

[82] É possível colecionarem-se atualmente alguns artigos e obras sobre o tema; a *Responsabilidade Civil do Estado*, de CAHALI, Yussef Said, o artigo do prof. CRETELLA Júnior publicada na revista de Direito Administrativo 153, 1983 e, ainda na doutrina estrangeira, a obra de MEDEIROS, Rui. *Ensaio Sobre Responsabilidade Civil do Estado por atos legislativos*, Coimbra, 1992.

[83] Neste sentido, CAHALI, Yussef Said. *Op. cit.*, p. 651.

[84] MEIRELLES, Hely Lopes, em sua obra *Direito Administrativo Brasileiro*, revela que apenas haveria possibilidade de buscar a reparação diante dos atos legislativos, se houvesse a comprovação da culpa dos agentes políticos ao votarem um texto de lei manifestamente não-constitucional.

dade de reparação.[85] É o aperfeiçoamento do Estado de Direito.

Definida a possibilidade de serem os atos legislativos passíveis de estabelecer danos aos cidadãos, coloca-se como um imperativo lógico definir em que situações é possível a caracterização de danos ocasionados por atos legislativos. Como regra geral, as normas produzidas pelo Poder Legislativo não podem ocasionar responsabilidade para o cidadão. As normas que não acarretam qualquer espécie de reparação patrimonial são aquelas produzidas dentro dos paradigmas constitucionais[86] e, eventualmente, dentro dos limites da lei, nos casos de decretos ou regulamentos. A produção legislativa apresenta uma estrita vinculação com a Constituição ou a lei, conforme a hipótese concreta. As normas legais que apresentarem adequação com os parâmetros constitucionais, por evidente, não podem gerar para o poder público qualquer espécie de possibilidade de reparação. Em realidade, não são capazes de gerar qualquer direito subjetivo do cidadão de exigir reparação. A lei constitucional não é capaz, portanto, de gerar responsabilidade para o Estado. As eventuais diminuições patrimoniais que

---

[85] Nesse sentido, decisão relatada por MELO, Celso de, julgamento pelo órgão pleno do STF, em 26 de agosto de 1992, conforme é possível verificar pela transcrição de parte do voto na obra já citada de CAHALI, Yussef Said.

[86] CRETELLA, J. Júnior. *Responsabilidade do Estado por Ato Legislativo*, revela não existir possibilidade de uma lei em sentido estrito, constitucional, produzir danos para algum cidadão. Assevera possuir o Direito francês orientação no sentido de ensejar responsabilidade estatal – leis que ocasionem danos anormais e especiais. Apenas ressalva CRETELLA Júnior que as hipóteses examinadas pelo Conselho de Estado da França não enfrentaram lei constitucional *"em tese"*, mas apenas normas com efeitos concretos. A doutrina, acrescenta o referido autor, ainda não logrou identificar com segurança critérios a ensejar a possibilidade de reparação de danos produzidos por lei constitucional. A doutrina e a jurisprudência apresentam uma maior clareza, quando buscam as conseqüências relativamente à legislação produzida de forma contrária à carta política.

ocasionarem[87] não são suscetíveis de produzir qualquer reflexo no mundo jurídico. Não apresentam qualquer carga de antijuridicidade. São normas produzidas em harmonia com o sistema jurídico vigente. A referência diz respeito ao clássico conceito de lei – texto abstrato, geral e impessoal. Os eventuais atos emanados do Poder Legislativo, mas com efeitos concretos, não podem ser considerados lei em sentido estrito. Formalmente, são normas produzidas pelo Legislativo, contudo não em sentido material.

Registre-se, ainda, existirem autores, como Almiro do Couto e Silva, que sustentam, utilizando a experiência francesa, a possibilidade de leis constitucionais causarem danos. O dever de indenizar surge quando as mesmas produzirem efeitos anormais e especiais.[88]

Colhe-se, assim, a responsabilidade do Estado[89] em face de qualquer ato lesivo praticado, pouco importando a origem lesiva – atividades administrativas, judiciais ou legislativas. Outrossim, mostra-se absolutamente necessária a busca dos elementos da responsabilidade extracontratual do Estado, objetivando definir se o sistema de responsabilidade estatal apresenta, como única fonte, o contido na cláusula geral prevista na Constituição Federal. Mostra-se fundamental para o equacionamento da responsabilidade do Estado diante dos atos jurisdicionais.

---

[87] Imagine-se uma norma tributária. A eventual diminuição patrimonial produzida pela mesma se insere dentro de padrões previamente ajustados no pacto político. Logo, não pode a sociedade, como um todo, ser responsável por eventual perda patrimonial.

[88] O importante é perceber a impossibilidade de aplicação do clássico conceito pertinente à responsabilidade extracontratual do Estado, seja nos atos tipicamente jurisdicionais, seja nos legislativos.

[89] A configuração da responsabilidade extracontratual do Estado exige, obrigatoriamente, a conjugação dos requisitos definidos em lei, variáveis de acordo com a espécie de ato lesivo.

2.4. Elementos da responsabilidade extracontratual do Estado

Definida a necessidade de o Estado, em princípio, responder pelos eventuais atos lesivos produzidos por seus agentes, em quaisquer esferas, mesmo atos legislativos ou judiciais, é necessário verificar-se como é possível a identificação da responsabilidade extracontratual do Estado.[90]

É normal afirmar-se ser a responsabilidade extracontratual do Estado *objetiva*,[91] alicerce do Estado Democrático de Direito.[92] Os cidadãos possuem na ampla regra da reparação do mecanismo para a sua própria proteção, ensejando possibilidade de exercício de sua cidadania.

Não obstante a adoção da responsabilidade objetiva, o conceito não se mostra absoluto.[93] O Direito brasileiro não adotou a teoria do risco integral como regra geral, apenas em caráter excepcional.[94]

É importante averiguar se realmente, em termos de responsabilidade extracontratual do Estado, vige apenas

---

[90] A responsabilidade extracontratual do Estado é limitada, pois o Brasil não adotou a teoria do risco integral. A respeito, TARS ao julgar a apelação cível 195132311.

[91] Objetivando ilustrar a afirmação coleciono a seguinte decisão do Supremo Tribunal Federal, proferida em 15 de dezembro de 1998, ao julgar o RE-18062/SP, *in verbis*: "A responsabilidade do Estado (gênero), prevista no parágrafo sexto, do art.37 da Constituição Federal, é objetiva. O dolo e a culpa nela previstas dizem respeito à ação de regresso. Responde o Município pelos danos causados a terceiro em virtude da insuficiência de serviço de fiscalização visando à retirada, de vias urbanas, de animais."

[92] Conforme FREITAS, Juarez. *Estudos de Direito Administrativo*.

[93] Salvo a hipótese do art. 21, XXIII, letra "c", da Constituição Federal, em que se encontra prevista a responsabilidade civil por danos nucleares. A redação do artigo ao admitir a responsabilidade sem culpa revela a intenção do legislador em adotar a teoria do risco integral.

[94] BAHIA, Saulo José Casali. *Responsabilidade Civil do Estado*, p. 85, assim define o risco integral: "Os adeptos do risco integral consideram existir responsabilidade do Estado, em qualquer caso, se presentes o dano ao particular e a causação por agente ligado ao mesmo. Não seriam consideradas, assim, quaisquer excludentes de responsabilidades. [...]"

a concepção objetiva – conforme a cláusula geral[95] estabelecida no art. 37, § 6º, da Constituição Federal. Especialmente no pertinente a responsabilidade do extracontratual em face de deficiente prestação jurisdicional, existem condições de construir argumentação em sentido contrário.

Celso Antônio Bandeira de Mello,[96] citando Oswaldo Bandeira de Mello, efetua a seguinte exegese do texto constitucional, *in verbis*:

> "A responsabilidade fundada na teoria do risco-proveito pressupõe sempre ação positiva do Estado, que coloca terceiro em risco pertinente à sua pessoa ou ao seu patrimônio, de ordem material, econômica ou social, em benefício da instituição governamental ou da coletividade em geral, que o atinge individualmente, e atenta contra a igualdade de todos, diante dos encargos públicos, em lhe atribuindo danos anormais acima dos comuns, inerentes à vida em sociedade.
>
> Consiste em ato omissivo, positivo do agente público, em nome do e por conta do Estado, que redunda em prejuízo a terceiro, conseqüência de risco decorrente da sua ação, repita-se, praticado tendo em vista proveito da instituição governamental ou da coletividade em geral. Jamais de omissão negativa. Esta, em causando dano a terceiro, não se inclui na teoria do risco-proveito. A responsabilidade do Estado por omissão só pode ocorrer na hipótese de culpa anônima, da organização e funcionamento do

---

[95] MARTINS-COSTA, Judith, em artigo publicado na *Revista da Faculdade de Direito da UFRGS*, p. 133, define a cláusula geral como "[...]o enunciado, ao invés de traçar punctualmente a hipótese e as suas conseqüências, é desenhado como uma vaga moldura, permitindo, pela vagueza semântica que caracteriza os seus termos, a incorporação de princípios, diretrizes e máximas de conduta originalmente estrangeiros ao corpus codificado, do que resulta, mediante atividade de concreção destes princípios, diretrizes e máximas de conduta, a constante formulação de novas normas."

[96] MELLO, Celso Antônio Bandeira de. *Op. cit.*, p. 631.

serviço, que não funcionou ou funcionou mal ou com atraso, e atinge os usuários do serviço ou os nele interessados."

Posição idêntica à de Celso Antônio Bandeira de Mello é exposta por Sérgio Cavalieri Filho.[97]

Ruy Rosado de Aguiar Júnior[98] sustenta que existindo prejuízo para o cidadão responderá o Estado, sem a necessidade de questionamentos sobre culpa, suficiente a falta do serviço. A responsabilidade estatal se estenderia aos fatos comissivos. No caso de omissão seria necessário estabelecer a distinção entre estar o Estado obrigado a praticar uma ação, ou ter apenas o dever de evitar o resultado. Caso tivesse a obrigação, é suficiente a demonstração de que o dano decorreu da falta do serviço. Na hipótese de dever, haveria a necessidade do exame da falta do serviço.[99]

---

[97] Igual posição apresenta a jurisprudência do Supremo Tribunal Federal. Apenas para ilustrar, trago à colação a seguinte ementa no julgamento do Recurso Extraordinário n° 178806-2/RJ, sendo relator o Ministro Carlos Velloso, em julgamento de 08 de novembro de 1994, publicado no Diário da Justiça da União, página 20485, *in verbis*: "I.- A responsabilidade civil das pessoas de direito público e das pessoas jurídicas de direito privado prestadoras de serviço público, responsabilidade objetiva, com base no risco administrativo, ocorre diante dos seguintes requisitos: a)do dano; b)da ação administrativa; c)e desde que haja nexo causal entre o dano e ação administrativa. II.-Essa responsabilidade objetiva, com base no risco administrativo, admite pesquisa em torno da culpa da vítima, para o fim de abrandar ou mesmo excluir a responsabilidade da pessoa jurídica de direito público ou da pessoa jurídica de direito privado prestadora de serviço público. III.- No caso, não se comprovou culpa da vítima, certo que a ação foi julgada improcedente sobre o fundamento de não ter sido comprovada a culpa do preposto da sociedade de economia mista prestadora de serviço. Ofensa ao art. 37, § 6°, da Constituição. Recurso extraordinário conhecido e provido."

[98] AGUIAR JÚNIOR, Ruy Rosado de. *A Responsabilidade Civil do Estado pelo Exercício da Função Jurisdicional no Brasil*, p. 1-44.

[99] Idem, no referido artigo, revela em nota que a apuração da falta no serviço deve ser amparada na lição de Rivero em que o mesmo estabelece que a culpa no serviço é uma deficiência real do serviço, que surge quando ele fica abaixo de seu nível médio. Não obstante, acrescenta Ruy a culpa não pode ser imputada a um determinado agente, devendo a falta ser examinada em cada caso concreto.

A doutrina, portanto, ainda traduz a idéia de o Estado responder objetiva ou subjetivamente, conforme a origem e a causa do dano. Neste sentido é precisa a lição de Juarez Freitas,[100] *in verbis*:

"[...] é imperioso, nesse passo, provar a responsabilidade estatal por omissão ou atuação insuficiente justamente porque estas circunstâncias não se enquadram na previsão normativa constitucional da responsabilidade objetiva."

É possível afirmar-se não existir um único sistema de responsabilidade do Estado.[101] A regra constitucional não se mostra única. A responsabilidade estatal apresenta possibilidade de ensejar um sistema misto de responsabilidade. Na mesma linha exposta por Bandeira de Mello, apresenta-se artigo de Elizeu de Moraes Corrêa,[102] no qual realiza a seguinte síntese conclusiva:

"[...] pode-se afirmar que a responsabilidade patrimonial do Estado por danos que seus agentes, nesta qualidade, causarem a terceiros, tem as seguintes características: é uma responsabilidade civil, pois visa à reparação de danos causados, vale dizer, restabelecer o quanto possível o *status quo ante*; trata-se de responsabilidade indireta, de vez que responde o Estado(proponente) por ato de seus agentes(prepostos), podendo deles se ressarcir se demonstrar culpa pessoal; e fundamenta-se, não em um único princípio regulador (culpa ou risco), porém num sistema que consiste na aplicação da teoria da falta do serviço público(responsabilidade subjetiva-pública) como regra geral, e na teoria do

---

[100] FREITAS, Juarez. *Op. cit.*, p. 122.

[101] O próprio STF, ao julgar RE 180602/SP, revela que a responsabilidade prevista no art. 37, § 6º, da Constituição Federal é gênero, fazendo entender que a cláusula admite desdobramentos.

[102] CORRÊA, Elizeu de Moraes. *Responsabilidade Civil do Estado no Direito Brasileiro*: há princípio único regulador, p. 211-226.

A responsabilidade do Estado e do Magistrado

risco administrativo (responsabilidade objetiva) em situações excepcionais, conforme indique o sistema normativo vigente."

Posição diversa sustenta Yussef Said Cahali, que revela a responsabilidade do Estado ser objetiva.[103] A atenuação da objetividade seria encontrada em evidenciar, ou não, a causa do dano. A causalidade seria o mecanismo para diminuir ou estender a responsabilidade estatal.[104] Assim se manifesta Cahali:

> "[...] nem mesmo é necessário recorrer-se ao artificialismo da distinção risco/integral/risco administrativo, para se pretender, como ainda tem feito alguma jurisprudência, que na Segunda hipótese seria permissível a discussão das excludentes de responsabilidade.
> É que, deslocada a questão para o plano da causalidade, qualquer que seja a qualificação que se pretenda atribuir ao risco como fundamento da responsabilidade objetiva do Estado – risco integral, risco administrativo, risco-proveito -, aos tribunais se permite a exclusão ou atenuação daquelas responsabilidades quando fatores outros, voluntários ou não tiverem prevalecido na causação do dano, provocando o rompimento do nexo de causalidade, ou apenas concorrendo como causa na verificação do dano injusto."

Do exposto, verifica-se que para todas as situações nas quais administração passaria a causar prejuízos aos particulares, seja a responsabilidade meramente objetiva. O sistema normativo vigente permite concluir pela existência de múltiplas facetas de responsabilidade –

---

[103] CAHALI, Yussef Said. Op. cit., p. 31, em que revela, *in verbis* "[...]A jurisprudência mais recente, de maneira uniforme, preserva o entendimento de que, no caso, é efetivamente objetiva a responsabilidade do Estado, pela obrigação de indenizar."

[104] Idem, p. 41.

fundada na idéia de falta do serviço público e no risco administrativo. Algumas atividades estatais não permitem a perfeita adequação às regras da responsabilidade objetiva.

É evidente não existir possibilidade de a responsabilidade estatal apresentar a mesma matriz conceitual da responsabilidade do direito privado. Apenas existe necessidade de uma adequada compatibilização entre a responsabilidade objetiva prevista na Constituição Federal e a atividade judicial. Os danos causados pela atividade jurisdicional não podem ser interpretados com a mesma matriz conceitual do direito privado, não obstante, como objeto de exame do capítulo seguinte, não há possibilidade de cogitar a aplicação pura e simples dos conceitos relativos à responsabilidade objetiva prevista na cláusula geral da Constituição Federal.

O importante é não permitir que injustificadas diminuições patrimoniais dos cidadãos, por atos omissivos ou comissivos, não sejam objeto de adequada reparação.

A responsabilidade do Estado e do Magistrado

3. Responsabilidade do Estado pelos atos jurisdicionais

A busca da responsabilidade do Estado, pela deficiente prestação jurisdicional, reclama obrigatoriamente o exame conceitual de jurisdição. A responsabilidade estatal pelos atos praticados pelos magistrados deve ser equacionada a partir de dois paradigmas: (a) a responsabilidade pelos atos praticados em decorrência da atividade jurisdicional; (b) a eventual responsabilidade por atos administrativos.

A responsabilidade do Estado pela deficiente prestação jurisdicional exige um adequado equacionamento dos deveres essenciais dos magistrados. Demanda a identificação das funções jurisdicionais, bem como em que consistem os deveres inerentes à função jurisdicional. A quebra por parte do magistrado de seus deveres essenciais pode, em tese, acarretar o dever de indenização pelo Estado e supletivamente, em casos especiais, pelo próprio magistrado.[105] Na responsabilidade do Estado pelos atos judiciais, não há possibilidade de aplicação da cláusula geral prevista no art. 37, § 6º, da Constituição Federal, mas sua aplicação deve obrigatoriamente considerar as demais normas do sistema jurídico vigente, em especial o disposto no art. 5º, LXXV, igualmente da Constituição Federal.

---

[105] Em capítulo próprio, foi efetuada a discussão relativamente à possibilidade de o magistrado ser pessoalmente demanda, denunciação da lide e formação de litisconsórcio.

Necessário, portanto, definir o papel da magistratura no âmbito do Estado Democrático de Direito para, após, estabelecer os contornos relativos à jurisdição, para ensejar a definição e diferenciação entre os atos praticados em decorrência de atividade jurisdicional e administrativa. Mostra-se relevante a distinção em face da possibilidade de configuração distinta entre a responsabilidade tipicamente decorrente de atos jurisdicionais e aquela decorrente de atos meramente de administração do Poder Judiciário.

3.1. A Magistratura e o Estado

A grande conquista, após a Revolução Francesa, foi a elaboração de um sistema de reconhecimento e proteção dos direitos individuais. A função jurisdicional, nesta primeira fase, caracteriza-se pelo aperfeiçoamento das garantias formais. O Estado de Direito que se caracteriza fundamentalmente pela noção de aperfeiçoamento dos aspectos formais, pela solução dos conflitos individuais, com a adoção de garantias processuais e legais,[106] tem na sua concepção liberal, limites ao exercício do poder estatal, e as conquistas formais são insuficientes. Assim o estabelecimento e a solidificação de um ordenamento jurídico racional exige que, além das conquistas formais, o Estado assegure materialmente os cidadãos.

Justamente a transposição do Estado de Direito liberal para uma concepção em que ocorra maiores demandas sociais, avultam-se e qualificam-se as funções do Judiciário, que, numa concepção moderna, deve deixar a passividade – característica dos últimos séculos – para transformar-se em agente efetivo dos anseios

---

[106] A noção pode ser buscada na obra de CANOTILHO, bem como vem expressa no livro de STARK, Christian, *El Concepto de Ley en la Constitucion Alemana*, Ciência Política.

sociais, buscando, no sistema jurídico, concretizar os direitos fundamentais,[107] notadamente a igualdade e a liberdade, possibilitando uma modificação na realidade social. Enseja, com isso, uma positiva interação entre o Poder Judiciário e o corpo social que apresenta função relevante na produção do Direito, seja suprindo eventuais defeitos da produção legislativa ou mesmo efetivando as demandas e anseios da sociedade,[108] esse Poder na concepção do Estado Democrático de Direito, superadas as concepções do Estado liberal e social, representa a forma pela qual os atores sociais apresentarão possibilidade de resolverem efetivamente as suas demandas. O Judiciário deixou de ser um mero garantidor da forma e da lei, e, obrigatoriamente, passou a desempenhar um papel ativo para a materialização das conquistas sociais extraídas do sistema jurídico.[109]

Ao Judiciário é atribuída a tarefa de qualificar o processo social e assegurar a efetividade do sistema normativo. Os avanços sociais na busca da igualdade, não meramente formal, mas material, devem passar, obrigatoriamente, na atual concepção de Estado, pelo Judiciário. A atividade jurisdicional apresenta modernamente a responsabilidade de assegurar os avanços normativos consignados nos textos legislativos.

Na medida em que a atividade jurisdicional passa por um alargamento sem precedentes em suas funções essenciais, ensejando possibilidade de garantir e materializar as demandas sociais, não há possibilidade de

---

[107] A respeito dos direitos fundamentais e sua eficácia, ver obra de SARLET, Ingo Wolfgang. A *Eficácia dos Direitos Fundamentais*, p. 386.

[108] GUERRA FILHO, Willis Santiago. *Autopoiese do Direito na Sociedade Pós-Moderna*. Introdução Sistêmica.

[109] É importante salientar a passagem de STRECK, Lenio Luiz. *Cadernos de Pesquisa*, onde afirma: "No Estado Democrático de Direito há – ou deveria haver – um sensível deslocamento do centro de decisões do legislativo para o judiciário. Dito de outro modo, o Estado Democrático de Direito depende (ria) muito mais de uma ação concreta do Judiciário do que de procedimentos legislativos ou administrativos."

A responsabilidade do Estado e do Magistrado

atenuar as atividades judiciais em decorrência de um aumento da extensão da responsabilidade – seja do próprio Estado ou do magistrado. A exacerbação da responsabilidade pelos atos judiciais pode significar, ao contrário do objetivo, uma intolerável agressão à independência da magistratura, colocando em risco o desenvolvimento da moderna concepção do Estado Democrático de Direito.

A responsabilidade pelos atos jurisdicionais, seja exclusiva do Estado, seja eventualmente do próprio magistrado, constitui-se em realidade que não apresenta condições de ser afastada. Não obstante, não pode ser fonte de medo e pavor. As teses sobre a responsabilidade relativamente aos atos jurisdicionais devem ser fonte de qualificação da jurisdição, e não mordaça ou atenuação da independência dos magistrados.

A grande discussão relativa ao tema diz respeito a verificar-se a sua extensão; a busca do ponto de equilíbrio. A irresponsabilidade não é admissível. A exacerbação da responsabilização por atos do Poder Judiciário pode acarretar sensível diminuição da vigente concepção do Estado Democrático de Direito, acarretando perdas irreparáveis no exercício da cidadania.

A concepção antiga sobre as funções desenvolvidas pelos juízes nem sempre foi coincidente com a moderna concepção da atividade judicante. Dalmo de Abreu Dallari[110] apresenta interessante síntese das funções dos magistrados desde a Grécia até os tempos modernos. Revela o autor que as funções dos juízes no momento anterior à Revolução Francesa podiam assim ser descritas:

> "No ambiente de lutas que caracterizou grande parte da Europa do século dezessete, governantes absolutos utilizaram os serviços dos Juízes para objetivos que, muitas vezes, nada tinham a ver com

---

[110] DALLARI, Dalmo de Abreu. *O Poder dos Juízes.*

a solução de conflitos jurídicos e que colocavam o juiz na situação de agente político arbitrário e implacável".[111]

Com o surgimento do Estado Moderno, as funções da magistratura apresentam uma nova concepção. Diversamente do passado, quando os magistrados apresentavam íntima ligação com os detentores do Poder, nesta fase a magistratura apresenta funções essenciais na manutenção do Estado Democrático de Direito. Na concepção moderna de Estado, é incumbência exclusiva dos juízes a manutenção do equilíbrio com os demais Poderes. A totalidade das decisões dos demais Poderes de Estado, no atual modelo, apresenta possibilidade de ser revista. Apenas os juízes[112] possuem a possibilidade de tornarem definitivas as decisões. É justamente dentro desse modelo, em que as funções judicantes são essenciais, que emerge a necessidade de se estabelecerem pontos de equilíbrio nas relações entre os juízes e a sociedade.[113]

Em decorrência do atual modelo, onde há constante conflito e pontos de atritos entre a sociedade e as decisões jurisdicionais, impõe-se o estabelecimento de um certo controle do poder dos juízes.

Estabelecidas duas premissas básicas: (a) ser a função dos magistrados essencial à moderna concepção de Estado; (b) não ser a essencialidade causa para eximir os juízes de responder pelos atos praticados, torna-se necessária a harmonização das duas premissas, possibilitando a manutenção da independência dos magistrados e de sua imperiosa responsabilização. A não-radicalização das posições mostra-se a mais adequada.

---

[111] DALLARI, Dalmo de Abreu. *Op. cit.*, p. 11.

[112] A expressão *"juízes"* é utilizada em sentido figurado, na realidade é a Constituição e o sistema jurídico que tornam imutáveis as decisões.

[113] GOMES, Luiz Flávio. *A Dimensão da Magistratura*, p. 43, revela a existência de uma enorme dificuldade de conciliar a independência da magistratura com a necessária e obrigatório controle dos juizes por eventuais excessos.

A responsabilidade do Estado e do Magistrado

A sociedade guarda em relação aos juízes a expectativa de que os mesmos concretizem os valores e princípios do sistema jurídico. Os juízes possuem o dever fundamental de controle dos demais poderes estatais. Assim, na medida em que a responsabilidade pela manutenção da coesão do sistema jurídico[114] é incumbência dos juízes, a tensão do relacionamento deve ser mitigada com uma adequada responsabilização dos magistrados – no âmbito das três esferas (administrativa, civil e penal).

Emerge serem as funções judicantes essenciais à necessidade de buscar a responsabilidade do próprio Estado pelos atos de seus juízes e, supletivamente, dos próprios magistrados.

O sistema jurídico, portanto, apresenta coerência. A cidadania e os demais Poderes apresentam controle definitivo por meio das decisões judiciais. O Poder Judiciário, pelo sistema adotado, deve apresentar mecanismos para controlar as suas próprias decisões: é o Poder julgando-se a si mesmo. Assim, a limitação do próprio Poder constitui-se em garantia, objetivando evitar excessos dos juízes. Caso não houvesse a possibilidade de responsabilizar os juízes, o sistema não apresentaria logicidade, não seria democrático, mas ditatorial.

Há necessidade de um aprofundamento das relações entre a sociedade e os juízes objetivando a sua maior legitimidade, criando mecanismos a ensejar o aprimoramento nas relações entre a sociedade e o Poder Judiciário.

Existe apenas uma tensão maior, pois é o único dos poderes estatais que possui a prerrogativa de julgar a si próprio. Mostra-se necessária para a preservação da legitimidade do julgamento do Poder pelo próprio Poder a manutenção de critérios coerentes e adequados ao

---

[114] A expressão *"coesão do sistema jurídico"* é utilizada no sentido de harmonização entre os poderes estatais, bem como a idéia de serem as decisões judiciais definitivas dentro do sistema vigente.

sistema, afastando-se eventuais tentativas de preservação corporativa. Justamente pela ineficiência dos controles internos – nos níveis administrativo, civil e penal – é que segmentos importantes da sociedade buscam alternativas para o controle do Poder Judiciário. As constantes tentativas de reformar o Poder Judiciário exigem, obrigatoriamente, uma meditação sobre a forma pela qual são exercidos os atuais controles. Existem certos exageros, muitas vezes movidos por interesses não declarados, que se utilizam, justamente, da fragilidade dos controles exercidos pelo próprio Poder.

A responsabilidade do Estado pela deficiente prestação jurisdicional, antes de ser um mecanismo de recomposição do patrimônio dos cidadãos, constitui-se em mecanismo de controle do próprio Judiciário sobre os seus atos, qualificando a relação do Poder com a sociedade, permitindo a ampliação de sua legitimidade, ocorre então especial controle de qualidade dos serviços prestados à sociedade.

Dessa forma, a manutenção da independência e das garantias dos magistrados exige a sua adequada responsabilização.[115]

Colhe-se, assim, existir constante tensão nas relações entre os magistrados e os seus jurisdicionados, o mecanismo de freio do próprio Poder e a possibilidade de responsabilizar o Estado e, nos casos previstos em lei, o próprio magistrado.

A legitimidade do magistrado perante a sociedade deve atingir uma adequada relação no controle interno.[116] O controle interno eficaz é capaz de permitir sejam

---

[115] Absolutamente equivocada a posição de GASPARINI, Diogenes. *Direito Administrativo*, p. 592 onde revela que irresponsabilidade do Estado, e nas hipóteses onde haja possibilidade de postular indenização, v.g., sentenças criminais originalmente condenatória, onde ocorreu a posterior absolvição, a indenização deveria ser apenas responsabilidade do magistrado.

[116] A seguinte passagem da obra de OLIVEIRA, Carlos Alberto Alvaro de. *Do Formalismo no Processo Civil*, p. 1, bem revela a necessidade de eficiência na prestação jurisdicional, *in verbis*: "Ganha papel de destaque nesse contex-

afastadas diversas mazelas no pertinente à deficiente prestação jurisdicional.

A magistratura deve, portanto, obrigatoriamente, encontrar o ponto de equilíbrio objetivando ensejar comportamentos eticamente aceitáveis, oportunizando a possibilidade de afastar os constantes choques existentes, inerentes à própria função exercida.[117]

A construção de um sólido arcabouço teórico no pertinente à responsabilidade do Estado e do Juiz, antes de apresentar características de penalidade, revela um acréscimo na legitimidade do Poder, na aceitação do Judiciário como meio eficaz para a solução das querelas individuais e coletivas do corpo social.

Como já referido, a possibilidade de o próprio Poder julgar a licitude de seus atos mostra a necessidade de manutenção de um equilíbrio na idéia da responsabilidade. É importante não reduzir os instrumentos da responsabilidade estatal por deficiente prestação jurisdicional em mero mecanismo de satisfação patrimonial, mas em eficaz instrumento de qualificação da jurisdição.

3.2. Características da função jurisdicional

Demonstrada a relação entre os juízes e a sociedade, faz-se necessária a definição de sua atividade princi-

---

to a necessidade cada vez maior em consonância com o ritmo atual da humanidade, de acelerar, tornar efetiva a prestação jurisdicional. Para esse desiderato buscam-se ainda vias alternativas, de modo a desafogar ou pelo menos minimizar os problemas de que padece em todo mundo, em maior ou menor escala, a realização da justiça."

[117] SILVA, Octacílio Paula., em sua obra *Ética do Magistrado à luz do Direito Comparado*, p. 355, manifesta-se da seguinte forma em relação às funções dos juízes, *in verbis*: "A prestação jurisdicional deve ser célere, objetiva, oportuna e econômica para as partes, a fim de atender aos legítimos anseios dos jurisdicionados. Também aqui cabe lembrar que a justiça é um meio e não um fim em si mesma. Acima das vantagens e prerrogativas do cargo, antes de querer demonstrar erudição e outras qualidades pessoais nas peças processuais, o juiz deve ter como preocupação primeira a solução dos problemas jurídico-sociais que lhe são afetos."

pal – a jurisdição. A definição mostra-se essencial para verificar o alcance da responsabilidade pela deficiente prestação jurisdicional.[118]

A busca de um conceito de jurisdição revela-se das tarefas mais árduas. Inúmeras teorias se formaram ao longo dos tempos com o objetivo de estabelecer o conceito fundamental para a ciência processual.[119] É evidente que a definição de jurisdição se mostra importante para os mais diversos ramos da ciência jurídica. Não obstante, no processo civil, mostra-se com invulgar importância e relevo.

A construção de um conceito encontra íntima ligação com algumas das funções essenciais do Estado Democrático de Direito.

O Judiciário apresenta-se, no atual modelo constitucional pátrio, como sendo a única forma de solução dos litígios entre os cidadãos e destes perante o Estado.[120] A jurisdição apresenta um caráter unitário no sistema pátrio.[121] Não há outros mecanismos[122] para a solução das querelas produzidas pelas tensões do tecido social. Reveste-se, portanto, de fundamental importância a caracterização dos atos jurisdicionais. A construção do conceito de jurisdição, neste contexto, é indispensá-

---

[118] REDENTI, Enrico. *Derecho Procesal Civil*, manifesta-se assim sobre a necessidade do exercício da jurisdição: "La eliminacion del ordenamiento jurídico de la autodefesas y la venganza com la propria fuerza [...] en correlación com la progressiva avocación al Estado del cometido de hacer justicia, es un resultado de su milenaria evolución."

[119] Os conceitos relativos a ação e jurisdição continuam a ser fundamentais para a adequada compreensão do processo civil.

[120] A jurisdição – como revela TUCCI, Rogério Lauria e CRUZ TUCCI, José Ricardo. *Constituição de 1988 e Processo*, p. 12 – reveste-se de um dos mais importantes direitos subjetivos materiais conferidos pelo Estado aos membros da comunidade.

[121] A previsão se encontra no art. 5º, XXXV, da Constituição Federal.

[122] Utiliza-se a expressão no sentido de ausência de mecanismos que possuam a possibilidade de julgar de forma definitiva as questões postas. Os demais instrumentos colocados à disposição da sociedade apresentam a possibilidade de serem revistos pelo Poder Judiciário.

A responsabilidade do Estado e do Magistrado

vel para definir, objetivamente, quais atos praticados poderão ser tratados como atos judiciais deficientes. Existem inúmeras teorias para explicar e justificar a noção de jurisdição.[123]

A caracterização de um ato como jurisdicional deve apresentar dois requisitos básicos, o ato deve ser praticado por um magistrado e este deve ser terceiro imparcial em relação ao objeto colocado para sua apreciação.[124]

A doutrina ainda realiza uma segunda divisão no exame da jurisdição, que diz com a diferenciação entre jurisdição contenciosa e voluntária. Nesta última, consoante expressa a doutrina, haveria apenas atividade administrativa dos magistrados, e não propriamente atividade jurisdicional.

Ovídio Baptista da Silva[125] destaca os elementos fundamentais para a caracterização da jurisdição:

"a) o ato jurisdicional é praticado pela autoridade estatal, no caso pelo juiz, que o realiza por dever de função [...] b) o outro componente essencial do ato jurisdicional é a condição de terceiro imparcial em que se encontra o juiz em relação ao interesse sobre o qual recai sua atividade."

---

[123] Apenas para exemplificar, pois não é objeto do presente o estudo aprofundado da jurisdição, é possível colecionar a teoria de CHIOVENDA na qual sustenta ser a jurisdição mera atividade substitutiva da vontade já expressa no texto legal; outro processualista italiano, ALLORIO, defende a idéia de que a jurisdição somente pode ser configurada, quando o ato praticado é capaz de gerar a coisa julgada; CARNELUTTI sustenta que a noção de jurisdição estaria ligada à idéia de composição justa da lide. A doutrina, portanto, não se apresenta, ainda, pacificada. Colhe-se, desta maneira, não ser adequado, para o presente estudo, um aprofundamento relativamente à discussão sobre jurisdição. Haveria um desvio relativamente ao tema.

[124] A noção é extraída da obra de SILVA, Ovídio A. Batista da. *Curso de Processo Civil*, p. 30.

[125] Idem, p. 30.

Objetivamente, no que diz com a definição de atos passíveis de serem objeto de responsabilização, desimporta a diferenciação entre atos de jurisdição contenciosa ou voluntária. A responsabilidade do Estado por atos jurisdicionais decorre da prática de qualquer ato pelo juiz no âmbito de um processo.[126]

Em termos de responsabilidade pela deficiente prestação jurisdicional a distinção[127] é suficiente. Efetuar qualquer outra espécie de distinção seria arbitrária e ensejaria a possibilidade de atenuação ou aprofundamento da questão pertinente à responsabilização estatal. Igualmente, não se faz adequado tentar demonstrar que a atividade desenvolvida pelos magistrados, quando em processos ditos de jurisdição voluntária, seria meramente administrativa. A divisão para fins de caracterização da responsabilidade do Estado pela deficiente prestação jurisdicional mostra-se insuficiente e artificial.

O importante é, isto sim, definir que a eventual responsabilidade pela deficiente prestação jurisdicional deve ter por base atos praticados em autos processuais. Os demais atos praticados pelos juízes, caso causem prejuízos, ensejam a responsabilidade buscada na responsabilidade do Estado, com base nos princípios que norteiam a responsabilidade em geral.

Com a definição de jurisdição, busca-se a possibilidade de balizar os limites da responsabilidade do Estado e do próprio juiz pela deficiente prestação jurisdicional, pois os demais danos devem ser equacionados com a utilização dos conceitos gerais da responsabilidade estatal.

---

[126] A respeito ver NANNI, Giovanni Ettore. *A Responsabilidade Civil do Juiz*, p. 212.

[127] A expressão é utilizada no sentido de ser possível buscar a responsabilidade por deficiente prestação jurisdicional, bastando que haja decisões em processos de jurisdição contenciosa ou voluntária.

3.3. A responsabilidade do Estado pela deficiente prestação jurisdicional

É necessário analisar a extensão da cláusula geral da responsabilidade extracontratual do Estado[128] em face das particularidades da atividade judicial. A atividade jurisdicional apresenta características que devem ser consideradas no exame da responsabilidade extracontratual do Estado. Há necessidade de compatibilização das normas e princípios que formam o conjunto da constituição e informam o tema. Não existem condições de aplicar apenas o contido na cláusula geral de responsabilidade, sem um exame detalhado dos demais princípios informadores da atividade judicial, essenciais para a compreensão do tema. A independência e os demais predicados indispensáveis ao exercício da atividade judicante não são mecanismos que afastem a possibilidade da responsabilidade do Estado, entretanto não podem ser destruídos pelo excessivo rigor na aplicação dos dispositivos relativa à responsabilidade extracontratual do Estado. A responsabilidade do Estado em decorrência da deficiente prestação jurisdicional reclama um detalhado exame, já que as condições são especiais e assim merecem ser tratadas.

As funções jurisdicionais apresentam requisitos e características especiais que devem ser observados quando da fixação da noção de responsabilidade. Existem posicionamentos na doutrina favoráveis à aplicação do art.37, § 6º, da Constituição Federal, em sua plenitude, às decisões judiciais.

Maria Sylvia Zanella Di Pietro[129] revela:

"[...]quanto a não ser o juiz funcionário público, o argumento não é aceitável no direito brasileiro, em

---

[128] Art. 37, § 6º, da Constituição Federal.

[129] DI PIETRO, Maria Sylvia Zanella. *Direito Administrativo*, p. 363.

que ele ocupa cargo público criado por lei e se enquadra no conceito legal dessa categoria funcional. Ainda que se entendesse ser ele agente político, seria abrangido pela norma do art. 37, § 6°, da Constituição Federal, que emprega precisamente o vocábulo agente para abranger todas as categorias de pessoas que, a qualquer título, prestam serviços ao Estado."

No mesmo sentido, é possível coletar a conclusão de Giovanni Ettore Nanni:[130]

"[...] Resta incontroverso, à luz da Constituição Federal de 1988, que o Estado é civilmente responsável pelos atos jurisdicionais que causem danos aos particulares."

Augusto do Amaral Dergint,[131] J. D. Figueira Júnior,[132] entre outros, apresentam idêntica posição: à aplicação generalizada da responsabilidade objetiva.

Assim, conforme estes entendimentos, a aplicação da cláusula geral prevista na Constituição acarretaria a conclusão de que produzindo a decisão judicial dano, haveria sempre o dever estatal de indenizar. Portanto, suficiente a prova do ato, do nexo de causalidade e do dano para gerar o dever de indenizar. Não há, contudo, como admitir tal simplismo. A atividade jurisdicional, pela sua complexidade, exige um detalhamento com maior profundidade da responsabilidade estatal. A simplificação não apresenta possibilidade de ser acolhida.[133]

---

[130] NANNI, Giovanni Ettore. *Op. cit.,* p. 107.

[131] DERGINT, Augusto do Amaral. *Op. cit.*

[132] FIGUEIRA JÚNIOR, J. D. *Responsabilidade Civil do Estado-Juiz.*

[133] A própria jurisprudência não admite a adoção em sua totalidade da cláusula geral prevista na Constituição Federal. Suficiente a leitura da apelação cível 263250/1 do TJSP, julgado em 05 de dezembro de 1996; a apelação cível 265792/1, igualmente do TJSP, julgamento de 27 de junho de 1996.

Neste contexto, importante citar Ruy Rosado de Aguiar Júnior,[134] para quem a aplicação direta da cláusula geral prevista na Constituição Federal acarretaria a transformação da responsabilidade estatal em seguro universal, pois as decisões judiciais, pelas suas peculiaridades, sempre acarretam diminuição patrimonial para uma das partes, uma vez que sempre uma parte é derrotada.

O reducionismo simplista não parece adequado. A indenização do Estado pela deficiente prestação jurisdicional não pode se fundar, exclusivamente, na interpretação do dispositivo constitucional, sem que haja uma compatibilização da referida norma com o conjunto de princípios e regras que informam a atividade jurisdicional. É importante registrar, por oportuno, que a compatibilização entre a atividade jurisdicional e os demais princípios não visa a afastar a idéia de irresponsabilidade, mas apenas permitir que haja a manutenção de condições mínimas a ensejar a liberdade e a independência no ato de julgar. Com efeito, a manutenção da vigente concepção do Poder Judiciário, que possui origem no modelo criado pela Constituição Federal, exige a manutenção da liberdade nos julgamentos.[135]

A cláusula prevista na Constituição Federal deve apenas ser a regra geral, quando haja a imposição do dever de indenizar. A extensão, o conteúdo, da obrigação de indenizar deve, forçosamente, ser buscada com a adequada equação entre a atividade jurisdicional e a obrigatoriedade de indenizar,[136] afastada que se encontra a idéia de irresponsabilidade.

---

[134] AGUIAR JÚNIOR, Ruy Rosado de. *Op. cit.*, p. 1-44.

[135] Mostram-se sempre a atual as lições da obra EHRLICH, Eugen sobre o papel dos magistrados na criação do Direito. A respeito ver *Fundamentos da Sociologia do Direito*, Editoria UNB, 1986, Brasília – Brasil.

[136] Os argumentos para afastar o dever de indenizar se encontram expostos por DERGINT, Augusto do Amaral, *Op. cit.*, p. 128-137, em síntese se revelam na idéia de soberania do Poder Judiciário, impossibilidade de questionar a coisa julgada e segurança jurídica.

Não se pretende, à evidência, a não-responsabilização dos magistrados ou do Estado por atos judiciais. Revela-se, porém, impossível a aplicação, na responsabilidade extracontratual do Estado por deficiente prestação jurisdicional, de tratamento idêntico ao dispensado aos danos ocasionados pela atividade administrativa em geral. As mesmas dificuldades encontradas para buscar a caracterização da responsabilidade do Estado pelos atos legislativos são possíveis de identificar quando do exame da responsabilidade por danos causados pela deficiente prestação jurisdicional.

Em realidade, a responsabilidade do Estado pela deficiente prestação jurisdicional acarreta um complexo mosaico de hipóteses, merecendo cada uma das situações, análise e tratamento específico. Imaginar a aplicação linear da responsabilidade objetiva pode ocasionar dificuldades não-transponíveis na construção conceitual da responsabilidade do Estado pela deficiente prestação jurisdicional.

A atividade tipicamente jurisdicional pode produzir danos à parte em decorrência de inúmeros fatores, dos quais alguns podem ser elencados, em caráter meramente exemplificativo:

a) erro na condução do processo ou no próprio julgamento, englobando as hipóteses de sentenças criminais e não-criminais;

b) culpa ou dolo do magistrado;

c) excessivo tempo para a prestação jurisdicional.

Conforme se verifica, de plano, as três hipóteses arroladas apresentam particularidades próprias, merecendo exame tópico. Não há como elaborar, na responsabilidade extracontratual do Estado pelos atos jurisdicionais, regras gerais que possam ser aplicadas em qualquer circunstância fática.

Algumas questões emergem das hipóteses referidas. O exame da responsabilidade do Estado pela deficiente prestação jurisdicional não pode ser idêntico às

A responsabilidade do Estado e do Magistrado   **69**

hipóteses de culpa e de erro e nas situações de demora na prestação jurisdicional.

Em realidade, as diversas formas de caracterização não permitem um tratamento igualitário para a responsabilidade do Estado por deficiente prestação jurisdicional. Assim, verifica-se existirem, na responsabilidade estatal por deficiente prestação jurisdicional, elementos subjetivos. Não se mostra absurda a afirmação de coexistência no sistema pátrio, da responsabilidade objetiva e subjetiva, circunstância que deverá ser demonstrada no curso do presente trabalho.[137] Celso Antônio Bandeira de Mello,[138] neste contexto, nos traz a seguinte lição:

"[...] é corretíssima, portanto, a sempre e de há muitos lustros sustentada pelo prof. Oswaldo Aranha Bandeira de Mello – que serviu de fundamento e de norte para os desenvolvimentos contidos neste trabalho -, segundo quem a responsabilidade do Estado é objetiva no caso de comportamento danoso comissivo e subjetiva no caso de comportamento omissivo."

A responsabilidade do Estado pela deficiente prestação jurisdicional deve, obrigatoriamente, ser examinada pelo viés da responsabilidade subjetiva. Existem atividades, em decorrência de suas peculiaridades, que devem buscar, na disposição constitucional, apenas a regra geral da reparabilidade por eventuais atos danosos. Uma simples leitura da Constituição acarreta tal conclusão. São explicáveis, pela própria natureza do risco, os motivos que levaram o legislador constitucional a efetuar a expressa previsão dos danos nucleares pelo risco integral.[139] Registrem-se, ainda, outras passagens

---

[137] Neste sentido CAVALIERI FILHO, Sérgio. *Op. cit.*, MELLO, Celso Antônio Bandeira. *Op. cit.*, p. 605.

[138] MELLO, Celso Antônio Bandeira. *Op. cit.*, p. 617.

[139] Neste sentido, FREITAS, Juarez. *Op. cit.*, p. 122.

da Constituição nas quais há referência ao dever de indenizar do Estado, v.g, a indenização por erro judiciário.[140] Em ambos os exemplos oferecidos há um paradigma diverso daquele determinado pela cláusula geral. A responsabilidade pelos danos nucleares consagra a teoria do risco integral, ao passo que a indenização pelo erro judiciário exige, para sua configuração, evidentemente, a comprovação do elemento subjetivo.

Identificados os paradigmas diversos para a caracterização da responsabilidade extracontratual do Estado, além daqueles já estabelecidos na cláusula geral, justifica-se plenamente a afirmação – a responsabilidade do Estado em decorrência da deficiente prestação jurisdicional é subjetiva. Neste sentido, vale citar recente decisão do Supremo Tribunal Federal ao examinar o Recurso Extraordinário 219.117/PR.[141] A posição do Supremo Tribunal Federal apenas consagra posições de diversos tribunais estaduais relativamente ao tema, apenas para exemplificar o TJSP, ao julgar a Apelação Cível 202.983-1, de 28.01.94[142] e a Apelação nº 232.057/1, de 07.08.95.[143]

---

[140] Art. 5º, LXXV, da Constituição Federal.

[141] A decisão foi de 3 de agosto de 1999, e a Suprema Corte definiu a impossibilidade de aplicação da responsabilidade objetiva na Responsabilidade do Estado em decorrência de atos jurisdicionais. A responsabilidade objetiva apenas pode ser aplicada, caso houver legislação infraconstitucional prevendo a responsabilidade do Estado.

[142] A ementa da decisão apresenta o seguinte conteúdo: Responsabilidade Civil do Estado Erro Judiciário. Admissibilidade. Responsabilidade decorrente de falha no funcionamento do aparelho estatal. É evidente que a idéia de falha acarreta obrigatoriamente o exame subjetiva na conduta dos agentes públicos.

[143] A ementa, em face de seu conteúdo, merece ser reproduzida, in verbis: "Responsabilidade Civil do Estado. Réu condenado criminalmente em primeira instância e absolvido pelo Tribunal. Ação indenizatória pelo tempo em que esteve preso. Entendimento do Supremo Tribunal Federal: " o Estado só responde pelos erros dos órgãos do Poder Judiciário, na hipótese prevista no art. 630, do Código de Processo Penal; fora dela domina o princípio da irresponsabilidade, não só em atenção a autoridade da coisa julgada, como também à liberdade e independência dos Magistrados. Ação improcedente. Recurso do autor improvido. Provimento parcial ao apelo da Fazenda do

---

A responsabilidade do Estado e do Magistrado   **71**

O conjunto de princípios informadores da Constituição, bem como a especialidade da função jurisdicional, implicam a impossibilidade de aplicação direta e simples do disposto no art. 37, § 6º, da Constituição Federal. É evidente que a forma de apuração da responsabilidade do Estado pela deficiente prestação jurisdicional deve-se fundar no conjunto de normas e princípios que informam o direito administrativo.

Definida a possibilidade, ainda, de existir responsabilidade estatal subjetiva,[144] é possível o exame dos três grandes grupos referidos, que, em síntese, revelam as hipóteses de o Estado ser responsabilizado por deficiente prestação jurisdicional.

3.4. Ações jurisdicionais danosas

Conforme explicitado no item anterior, para os fins de responsabilidade estatal por deficiente prestação jurisdicional, pouco importa a distinção entre jurisdição contenciosa ou voluntária.[145] É suficiente terem sido praticados atos lesivos em decorrência de sentenças ou despachos proferidos em autos processuais. Existe, portanto, uma restrição quanto aos atos passíveis de serem indenizados a título de reparação decorrente de deficiente prestação jurisdicional. As demais lesões devem ser indenizadas pelos princípios e regras comuns da responsabilidade estatal.

Estado para condenar o autor nas verbas da sucumbência, observado, quanto ao pagamento, o disposto no art.12 da lei 1060/50." A decisão apresenta relevância em primeiro por afastar integralmente a regra geral da Constituição Federal e, em segundo, por apenas admitir a ação indenizatória após a quebra dos efeitos gerados pela coisa julgada (art. 630, do CPP).

[144] Um detalhamento maior foi realizado quando do exame da responsabilidade geral do Estado.

[145] Neste sentido, artigo do Ministro AGUIAR JÚNIOR, Ruy Rosado de. *Op. cit.*, p. 5-48, em que refere não existir qualquer possibilidade de diferenciar a responsabilidade em face de terem os atos sido praticados em processos de jurisdição contenciosa ou voluntária.

Desde logo, identificamos três restrições ao dever de indenização por atos judiciais:

a) limites relativos à natureza dos atos judiciais;[146]

b) possibilidade de recurso ordinário ou extraordinário;

c) a eventual possibilidade de imutabilidade dos atos judiciais como impeditiva da responsabilização do Estado por deficiente prestação jurisdicional.

As hipóteses mencionadas, resguardadas suas particularidades, podem obstar eventual possibilidade de reparação por não adequada prestação jurisdicional.

3.5. Atos judiciais sujeitos à eventual reparação

Não restando qualquer dúvida, no que diz com o dever de indenização do Estado pela deficiente prestação jurisdicional, é necessário o equacionamento das hipóteses nas quais haverá possibilidade de postular a indenização.

Vislumbra-se a possibilidade de estabelecer três grandes grupos, situações extraídas da própria legislação infraconstitucional:

a) erro judiciário – englobando as decisões criminais e cíveis – art. 630 do CPP, art. 133 do CPC e art.49 da LOMAM;

b) o dolo ou fraude do magistrado – envolvendo hipóteses de falta com os deveres inerentes à função, salvo a presteza na prestação jurisdicional objeto de item próprio – art.133, I, do CPC e art.49 da Lei Orgânica da Magistratura;

---

[146] Enquadram-se na responsabilidade por atos judiciais apenas os atos praticados em decorrência de despacho ou sentença, sendo excluída toda a restante responsabilidade por atos administrativos.

c) demora na prestação jurisdicional – o tempo e a utilidade da prestação jurisdicional. A falta anônima – art. 133, II, do CPC e disposições da Loman.[147] Estabelecidos os três grandes grupos de hipóteses de responsabilidade do Estado pela deficiente prestação jurisdicional, há que se efetuar o exame detalhado de cada um deles.

a) Indenização por erro judiciário
A idéia da possibilidade de reparação em decorrência do erro judiciário suscita uma primeira indagação: a delimitação do próprio conceito.

Conforme Ruy Rosado de Aguiar Júnior, é possível a conceituação de erro nos seguintes termos:

"O erro judiciário ocorre por equivocada apreciação dos fatos ou do direito aplicável, o que leva o Juiz a proferir sentença passível de revisão ou de rescisão. Pode decorrer de dolo ou culpa do Juiz, de falha do serviço ou, até mesmo se produzir fora de qualquer falta do serviço público. E' um risco inerente ao funcionamento do serviço da justiça. Apesar da diligência e da extrema atenção dos magistrados e seus auxiliares, os erros podem surgir".[148]

O erro judiciário, portanto, configura-se, quando, em sentença civil ou criminal, há equívoco gerado de forma intencional ou por mera ignorância do magistrado.[149] O erro se vincula ao manejo não-adequado dos princípios e regras componentes do sistema jurídico.

---

[147] O atual projeto de lei objetivando regulamentar a magistratura, enviado pelo STF – DJ de 21.12.92 –, não contemplou qualquer modalidade de responsabilidade em decorrência de ato judicial.

[148] AGUIAR JÚNIOR, Ruy Rosado. *Op. cit.*, p. 39.

[149] Interessante idéia sobre o erro judiciário é possível se depreender do exame da Apelação 202933/1, do TJSP, em julgamento de 28 de janeiro de 1994, quando ficou estabelecido que o erro judiciário apresentou sua origem a partir da equivocada análise de um laudo médico.

Uma das questões mais delicadas, no pertinente à apreciação do erro, diz respeito à segregação cautelar do cidadão[150] em decorrência de processo criminal. Dentre as muitas formas de segregação dos cidadãos pelo Estado, encontramos a prisão preventiva – em princípio a simples prisão cautelar, mesmo que posteriormente sobrevenha uma absolvição, não é capaz de gerar o dever de indenizar. A prisão de caráter cautelar apenas poderá gerar eventual possibilidade de reparação, na hipótese de manifesta ilegalidade, especialmente pelo não-atendimento dos pressupostos básicos a ensejar o deferimento.[151] Assim, a prisão preventiva, manifestamente ilegal, enseja a possibilidade de demanda reparatória.

A questão mais tormentosa, contudo, diz respeito à prisão preventiva legal, isto é, que obedece aos pressupostos incidentes, quando sobrevém a absolvição do acusado. A decretação de prisão preventiva, com posterior absolvição, não gera isoladamente possibilidade de reparação.

Na hipótese de a absolvição fundar-se em negativa do fato ou autoria, bem como na licitude do comportamento, vislumbra-se possibilidade de reparação.[152]

---

[150] É importante salientar que eventuais danos ocasionados ao detento em decorrência das más condições das prisões não pode ser qualificado como erro judiciário. Nessa hipótese a responsabilidade é do Poder Executivo, pois é deste a responsabilidade pela administração e manutenção do sistema prisional. O objetivo é apenas examinar a legalidade ou não da segregação e suas conseqüências. Caso a prisão seja legal, eventuais danos causados ao preso é responsabilidade do Poder encarregado de administrar o sistema prisional.

[151] A respeito, ver o contido nos artigos 311 e 312 do Código de Processo Penal, nos quais se encontra disciplinada a matéria.

[152] Trago a decisão do TJSP de 07 de agosto de 1995, a apreciar a apelação 232057-1, que bem ilustra a posição exposta sobre o tema, *in verbis*: "Responsabilidade civil do Estado. Réu Condenado criminalmente em primeira instância e absolvido pelo Tribunal. Ação Indenizatória pelo tempo em que esteve preso. Entendimento do Supremo Tribunal Federal: 'o Estado só responde pelos erros dos órgãos do Poder Judiciário, na hipótese prevista no art. 630, do CPP; fora dela domina o princípio da irresponsabilidade, não só em atenção à autoridade da coisa Julgada, como também à liberdade e independência dos Magistrados'."

A responsabilidade do Estado e do Magistrado

Neste sentido o STJ, ao decidir o Recurso Especial n° 96123187.[153]

Ruy Rosado de Aguiar Júnior[154] revela que havendo absolvição fundada em insuficiência de provas, não existe possibilidade de o cidadão buscar a reparação.[155] Existe necessidade de dois esclarecimentos a respeito da afirmação de impossibilidade de reparação quando ocorrer absolvição do acusado. A primeira se refere à impossibilidade do decreto de prisão preventiva gerar indenização, pois se presume que os fundamentos para a prisão preventiva foram atendidos,[156] e a circunstância de não se lograr a condenação por insuficiência dos pressupostos fáticos é circunstância absolutamente diversa. A prisão preventiva apresentava viabilidade. O segundo aspecto a ser esclarecido diz respeito à eventual segregação provisória poder ocasionar algum prejuízo para o cidadão pela deficiência da casa prisional. Nesta hipótese, a indenização não possui fundamento na deficiente decisão judicial, mas no mau funcionamento do sistema prisional. A responsabilidade é do Poder Executivo.

Admite-se, ainda, a prisão temporária[157] nos casos previstos em lei. Na hipótese de prisão temporária, a

---

[153] A decisão apresenta o seguinte conteúdo, *in verbis*: "A sentença absolutória proferida no Juízo Criminal subordina a jurisdição civil, quando nega categoricamente a existência do fato ou a autoria, ou reconhece uma excludente de antijuridicidade (legítima defesa, exercício regular de um direito, estado de necessidade defensivo). A absolvição criminal por falta de prova, como ocorreu no caso, não impede procedência da ação civil. Imodificação das parcelas indenizatórias deferidas, pela aplicação da súmula 7. Relator Ministro Ruy Rosado de Aguiar Dias, julgamento realizado em 10 de junho de 1996 e publicado no DJU de 26 de agosto de 1996."

[154] AGUIAR JÚNIOR, Ruy Rosado. *Op. cit.*, p. 39.

[155] A respeito há monografia específica de HENTZ, Luiz Antônio Soares, *Indenização da Prisão Indevida*.

[156] Caso os pressupostos para a prisão preventiva não tenham sido atendidos, aplica-se a primeira hipótese de responsabilidade – prisão preventiva que não atende aos pressupostos legais.

[157] A prisão temporária foi instituída pela Lei 7.960/89.

situação mostra-se mais delicada que na prisão preventiva. Existe uma possibilidade bastante grande de ser decretada a prisão e não resultar posteriormente em ação penal. O objetivo da prisão temporária é auxiliar na investigação criminal. A eventual segregação decorrente de prisão temporária apenas pode gerar o dever de indenização pelo Estado, quando a mesma for manifestamente ilegal(prisão temporária decretada sem estarem preenchidos os requisitos legais ou com absoluta ausência de fundamentação)[158] e/ou existir manifesto divórcio entre a fundamentação e os fatos colecionados pela autoridade inquisitorial.

Admitir a generalização da responsabilidade do Estado na hipótese de não-ajuizamento de ação penal, quando precedida de prisão temporária, acarretaria a inviabilidade da atividade de investigação. Nas hipóteses de prisões temporárias, admitidas em nossa legislação, deve-se observar a estrita legalidade – não se mostrando conveniente qualquer espécie de alargamento nas hipóteses de prisão temporária. A interpretação deve ser restritiva, adequando-se aos princípios e normas informativos da hipótese.

Em relação à segregação da liberdade, existe ainda a possibilidade de configuração da responsabilidade, quando o cidadão permanecer preso além do tempo fixado na sentença (art. 5º, LXXV, da Constituição Federal).

Nessa hipótese, por evidente, configura-se a responsabilidade do Estado. A autoridade judiciária possui o dever de, esgotado o prazo da pena imposta no título

---

[158] A fundamentação adequada preserva as garantias fundamentais previstas na Constituição Federal. Assim a afirmativa de ausência de adequada fundamentação acarreta o dever de indenizar, justamente porque a ato judicial impediu a efetividade das garantias mínimas previstas na Constituição (contraditório, devido processo legal, entre outros).

executivo penal, dar imediata liberdade ao sentenciado.[159]

Importante registrar que o art. 630 do Código de Processo Penal, que trata do erro judicial em processos criminais, deve ser examinado à luz da vigente Constituição Federal. Assim, as limitações impostas pelo mesmo não lograram ser recepcionadas pela nova ordem constitucional.

b) Conduta culposa ou dolosa do magistrado.

A caracterização do dolo sempre enseja possibilidade de configuração de responsabilidade do Estado pela deficiente prestação jurisdicional. Normalmente, a figura do dolo é coincidente com a prática de algum tipo penal.

Maria Luiza Atienza Navarro realiza a seguinte síntese da atividade dolosa dos magistrados, *in verbis*:[160]

> "En lo referente al dolo, cuanto se dicho es aplicable a las actuaciones judiciales. Incurrirá en responsabilidad civil el juez que actué con la consciencia de ocasionar el daño, y se imporndrã, por tanto, el consiguiente resarcimiento. Ahora bien, há de señalarse que resulta muy difícil encontrar un supuesto comportamiento doloso de un juez que no esté tipificado en el Código penal como delito. Por tanto, podría decirse que, por regla general, las acutaciones dolosas de los jueces y magistrados, que provoquem daños a los particulares, originarám responsabilidad penal y la consiguiente responsabilidad civil subsdiaria."

Já, pertinente à culpa, a questão revela um maior grau de dificuldade. A responsabilidade do Estado por

---

[159] Importante registrar que expedido o alvará de soltura e caso não haja o cumprimento pela administração do sistema prisional, a responsabilidade deixa de ser em decorrência de deficiente prestação jurisdicional e passa a ser responsabilidade comum do Estado.

[160] NAVARRO, Maria Luiza Atienza. *Op. cit.*, p. 87.

não-adequada prestação jurisdicional não pode ser ocasionada por qualquer espécie de culpa. A culpa levíssima e a leve não ensejam possibilidade de configuração de responsabilidade. A única culpa capaz de gerar responsabilidade é a grave – nesse sentido indicam disposições legais – especialmente as disposições que ainda disciplinam a conduta dos magistrados.[161] A legislação em vigor revela que os magistrados apenas serão responsáveis, quando causarem danos em decorrência de dolo ou fraude. A culpa grave se aproxima conceitualmente do dolo. Assim, não há como afastar as hipóteses limítrofes, em que haja dificuldade de caracterização do dolo, mas possível com tranqüilidade a construção do conceito de culpa utilizando-se a gradação da mesma.

Assim, as disposições contidas na lei orgânica da magistratura – LC 35/79. Apenas a prática de atos com negligência manifesta e insuficiente capacitação tem competência de gerar responsabilidade do Estado, quando examinada a questão sobre ângulo da culpa.[162] Registre-se, por oportuno que a *proposta de Emenda à Constituição* objetivando a reforma do Poder Judiciário estabelece, em seu art. 9º, nova redação ao art. 95 da vigente Constituição, estabelecendo no § 4º a responsabilidade da União e do Estado pelos danos que os magistrados causarem em decorrência da atividade jurisdicional.[163] A eventual aprovação da Emenda Constitucional apenas reforçará que a responsabilidade do Estado pelos danos decorrentes da atividade jurisdicional não podem ocorrer com a utilização da regra geral da responsabilidade do Estado.

---

[161] Conforme se pode inferir do art. 49, I, da Lei Orgânica da Magistratura.

[162] No direito espanhol informa NAVARRO, Maria Luiza Atienza. *Op. cit.*, um paulatino alargamento das hipóteses de responsabilidade dos magistrados, inclusive com fundamento em culpa leve.

[163] A reforma do Judiciário já foi aprovada em primeiro turno na Câmara dos Deputados, restando ainda completar o processo legislativo na Câmara para ser remetido ao Senado Federal, ultimando o processo.

A responsabilidade do Estado e do Magistrado

Neste sentido, precisa a lição de Ruy Rosado de Aguiar Júnior[164] ao revelar que a negligência evidencia-se no *descuido grosseiro, ao passo que a* insuficiente capacitação fica demonstrada nas hipóteses em que o magistrado revele *o desconhecimento de regra elementar ou venha a cometer erro crasso. Hipóteses de conteúdo subjetivo, prevalecendo a necessidade de configuração de um fato doloso ou culposo a ensejar a configuração.*

Apenas existe essa necessidade de configuração de um fato doloso ou culposo, objetivando manter a coerência do texto, que não é possível identificar responsabilidade nas hipóteses de culpa leve ou levíssima, nas quais a negligência no julgamento, em muitas oportunidades, pode ser confundida com uma não-adequada interpretação dos textos normativos. É evidente que a eventual disparidade de interpretação não gera, isoladamente, a possibilidade de responsabilização.

c) A presteza na prestação jurisdicional.[165]

O Estado, em determinado momento da História, reservou-se o direito da solução dos litígios surgidos na sociedade. A prevalência estatal na solução dos litígios acarreta, necessariamente, que a prestação jurisdicional deva ocorrer em tempo hábil e útil,[166] isto é, deva ser ofertada ao cidadão em tempo razoável.[167] A idéia de a necessidade da prestação jurisdicional ser prestada em

---

[164] AGUIAR JÚNIOR, Ruy Rosado. *Op. cit.*, p. 11.

[165] Alguns autores colocam a demora na prestação jurisdicional como espécie de culpa, face a sua relevância dentro do atual contexto do Judiciário colocou-se o tema com a devida autonomia, sem retirar, por evidente, o conteúdo subjetivo.

[166] A respeito da demora como causa da Responsabilidade do Estado, ver recente obra de VARGAS, Jorge de Oliveira. *Responsabilidade Civil do Estado pela demora na prestação da Tutela Jurisdicional.*

[167] A preocupação com o fator tempo como circunstância determinante para a solução dos litígios não é fenômeno recente. MARTIN, Valeriano Hernandez, em sua obra *Independencia del Juez y Desorganizacion Judicial* revela que a Nova Recompilação de 1770 já determinava que os Tribunais efetuassem os julgamentos com brevidade. Relata, igualmente, existir uma circular de 3 de março de 1893 onde se expressa ser necessário agilizar os processos judiciais.

tempo hábil é, nos dias atuais, uma preocupação de todos os povos.[168]

Em se tratando de responsabilidade decorrente de demora na prestação jurisdicional, é possível a nominação, mesmo que casuística, de hipóteses para a ausência de prestação jurisdicional no momento adequado. Em algumas oportunidades, a inércia na prestação pode ser responsabilidade exclusiva do Estado ao não oferecer meios materiais para a solução dos litígios, v.g., ausência de provimento de vagas de magistrados, servidores, a não-utilização de recursos tecnológicos. Em outras oportunidades, a responsabilidade deve ser imputada à deficiência da atividade do próprio magistrado, como ocorre nos casos de lentidão ao despachar e decidir: despachos meramente protelatórios, ausência de produtividade adequada à unidade jurisdicional onde se encontra.

A proposta de Emenda Constitucional objetivando a Reforma do Poder Judiciário estabelece, em seu art. 1º, alteração do art. 5º, que os processos judiciais deverão ser encerrados em prazo razoável. A eventual aprovação da emenda Constitucional ocasiona que a prestação jurisdicional em tempo útil se constitui em direito fundamental.[169] Torna-se explícito com a redação proposta pela emenda, situação que poderia ser construída com a garantia constitucional de acesso ao Judiciário. A eventual prestação jurisdicional tardia ocasiona, na prática, a sua negação. Assim era possível se extrair tal conclusão apenas com a utilização da primitiva garantia fundamental. Com o advento da reforma, a circunstância é explicitada, e a sua efetividade deverá ser construída

---

[168] A nova ordem estabelecida na Europa expressamente prevê ser necessário que as decisões judiciais sejam proferidas em tempo hábil e útil para as partes. Igualmente o Tratado de San José da Costa Rica impõe a obrigatoriedade de celeridade no pertinente à atividade jurisdicional.

[169] A respeito da eficácia dos Direitos Fundamentais, existe recente obra de SARLET, Ingo Wolfgang. *Op. cit.*. Constitui-se em singular obra na literatura nacional em relação ao tema.

com a alocação de recursos humanos e materiais, objetivando ocasionar ao processo o término em prazo razoável.

A demora na prestação jurisdicional é uma das maiores críticas ao Judiciário moderno. A perda de legitimidade do Poder Judiciário em muito pode ser debitada a sua inadequada resposta temporal para as postulações dos cidadãos.

De modo geral, vislumbram-se dois grandes grupos de causas:

a) estruturais, incluindo aspectos materiais e o deficiente aparato legislativo;

b) relativas à prestação do serviço propriamente.

Em ambos os níveis, a responsabilidade do Estado faz-se presente. Não existe possibilidade de conceber-se a demora sem justificativa para a solução da querela colocada a exame do órgão jurisdicional.[170]

A responsabilidade emerge, na medida em que o tempo despendido não é decorrência da aplicação de procedimentos previstos nas leis processuais. A possibilidade de o cidadão buscar indenização apenas poderá ser imputada ao Estado e, em alguns casos, com ação regressiva contra o magistrado, quando o procedimento adotado não estiver de acordo com os paradigmas processuais vigentes.

É bastante simples identificar que a demora na prestação jurisdicional pode acarretar a responsabilização estatal. A dificuldade maior é identificar, no caso concreto, a responsabilidade ou não do Estado e, even-

---

[170] É ilustrativa a seguinte decisão do Superior Tribunal de Justiça ao examinar o ROMS nº 10268, DJ 23 08.1999, ementado nos seguintes termos, *in verbis*: "Aposentadoria. O exercício da magistratura reclama atenção do magistrado e evidencia dedicação como presidente dos processos. Configura falta grave, durante 10 anos de judicatura, publicar apenas 4 sentenças." Demonstra-se com a presente decisão há necessidade de serem proferidas decisões em número razoáveis objetivando atender com presteza – requisito constitucional para a atividade jurisdicional –os cidadãos que acorrem ao Poder Judiciário para a solução de seus litígios.

tualmente, a viabilidade da ação regressiva contra o magistrado.

Criar critérios a ensejar, com segurança, a responsabilidade do Estado, não se constitui em tarefa das mais simples. O simples prolongamento do litígio no tempo pode não significar a responsabilidade do Estado. Suficiente, portanto, que a demora não possa ser imputada ao juiz ou servidores, pelo fato decorrente da utilização de recursos processuais colocados à disposição das partes. O enfoque, nesse sentido, seria diverso e, por evidente, não ensejaria possibilidade de responsabilização.

Mostra-se necessário que a interpretação relativamente à duração do processo seja realizada presente o critério de razoabilidade – não se mostra possível exigir uma justiça instantânea. Ademais, a necessidade de um razoável prazo para a conclusão do processo não pode ocasionar agressão aos princípios constitucionais da ampla defesa e do contraditório. Verifica-se, assim, que a proposta de Emenda à Constituição, em tramitação no Congresso Nacional, ensejará um conflito entre princípios constitucionais. Topicamente deverá ser examinado objetivando a prevalência. Em alguns casos, mais simples, haverá a possibilidade de atenuar o contraditório e a ampla defesa a ensejar a celeridade do processo; em outras situações, por evidente, a demora será plenamente compreensível em decorrência da complexidade da demanda.

Além das causas identificadas alhures, é possível afirmar-se que a demora na prestação jurisdicional encontra-se vinculada a um perverso sistema legal, burocrático, formal e não-adequado aos tempos atuais.

Caso seja excluída a responsabilidade da demora da estrutura legal vigente, faz-se necessária a identificação de outros pontos de estrangulamento.

A estrutura deficiente colocada à disposição dos cidadãos é, na maioria das situações, a grande responsável pela demora na prestação jurisdicional. A falha na estrutura pode ser evidenciada pela ausência de pessoal ou de material – neste incluindo necessariamente os avanços tecnológicos.[171]

Caso seja superada a causa estrutural, é necessário verificar-se se a produtividade do magistrado se encontra dentro de padrões razoáveis.[172] [173]

Ao contrário, na ausência da produtividade mínima exigível de um magistrado tornar-se necessária responsabilização estatal. Nesse aspecto, contudo, existe necessidade de ressalvar, diante das diferenças subjetivas evidentes, que há absoluta impossibilidade de criar um rígido sistema de produtividade.[174] Não obstante, há necessidade de engendrar mecanismos criativos a possibilitar a melhora na produtividade do Poder Judiciário.

Colhe-se, assim, que a responsabilização estatal pela demora na prestação jurisdicional constitui-se em tormentoso tema, de difícil equacionamento, em que apenas existem três certezas: (a) em tese, a demora pode ensejar a responsabilidade; (b) apenas o caso concreto

---

[171] É ilustrativa a decisão do Supremo Tribunal Federal, *in* RDA 90/140 onde revela, *in verbis*: "Mesmo em caso de decisão judicial morosa, não cabe a responsabilidade civil do Estado por falta de serviço, quando a demora tem causa justificada."

[172] A idéia de impor ao magistrado uma produtividade média não se constitui em uma redução, não pretendida, de um mero produtor de decisões. A atividade judicante deve revelar criatividade, conhecimentos jurídicos. Não obstante, exige a sociedade – destinatária final da produção intelectual – um número mínimo de decisões. Não é concebível que em nome da impossibilidade de reduzir os juízes a meros elementos de estatística, não se possa impor aos mesmos um mínimo nível de produtividade. As corregedorias dos diversos tribunais deveriam impor aos magistrados padrões mínimos de produtividade. A celeridade, ao lado da qualidade das decisões, revela atributos inerentes ao exercício da judicatura.

[173] Os prazos processuais previstos na lei processual civil e penal relativamente ao magistrado, na prática, não são cumpridos, porque é notória em todo o Brasil a explosão na busca do Judiciário, ocasionando uma sobrecarga na atividade.

[174] As condições intelectuais, de conhecimento jurídico e cultura geral, os problemas pessoais, entre outros, afetam diretamente a produtividade do magistrado. Esses aspectos pessoais devem ser observados em eventual ação indenizatória.

poderá identificar a real causa na demora; (c) à luz do caso concreto e identificadas as causas da demora, em não sendo esta justificada, haverá responsabilidade. Importante registrar que a atenuação[175] da demora em prestar a jurisdição exige necessariamente uma posição política da sociedade. Um aperfeiçoamento na prestação jurisdicional com maiores e melhores recursos humanos e materiais é uma opção social e política. Assim, em uma sociedade carente como a brasileira, dotar o Judiciário de melhores condições a exercer seu papel é objetivo difícil de concretizar, ao menos em curto prazo.[176]

Registre-se, ainda, que a demora na prestação jurisdicional, sem qualquer adminículo de dúvida, acarreta, por via oblíqua, infração ao contido no art. 5º, XXXV, da Constituição Federal.[177] A excessiva demora na prestação jurisdicional é fator de perda de estímulo para que as partes busquem a solução de suas querelas individuais, demitindo-se o Estado de importante papel para o estabelecimento da paz social, harmonia entre os membros da sociedade. O retorno da crença no Judiciário depende de virem a ser estabelecidos prazos razoáveis para a conclusão dos processos.

A demora, portanto, gera, em tese, possibilidade de responsabilidade do Estado por não-adequada prestação jurisdicional. Inexiste possibilidade de pretender-se uma justiça instantânea. Padrões razoáveis para a conclusão do processo, dentro da noção de ser o processo

---

[175] A superação da demora é absolutamente impossível. A demora é inerente ao processo judicial, pois neste existe uma absoluta recomposição dos fatos. Os atos de recomposição de uma história já ultrapassada sempre ocasionaram uma mínima perda temporal.

[176] É importante salientar que apenas o aumento dos recursos humanos e materiais não se mostra suficiente. Necessário é que, após o suprimento humano e material, os tribunais, através de suas corregedorias, realmente exerçam com eficiência o controle interno da atividade judicante – orientado e punindo, se necessário, aos juízes não – produtivos.

[177] A respeito: Responsabilidade Civil do Estado pela Demora na Prestação da Tutela Jurisdicional de VARGAS, Jorge de Oliveira. *Op. cit.*

A responsabilidade do Estado e do Magistrado

reconstrução de um tempo passado, não são capazes de produzir a responsabilidade para o Estado.[178]

Existe uma nota comum, quando se cogita da responsabilidade pela excessiva demora na prestação jurisdicional: o caráter subjetivo da responsabilidade. Existe, assim, obrigatoriamente a necessidade de restar evidenciada a culpa pela demora na prestação jurisdicional.

Outro aspecto relevante, quando se trata de demora na prestação jurisdicional, diz com a possibilidade de o dano ser produzido para qualquer dos jurisdicionados, já que tanto o autor quanto o réu podem ser vítimas da demora na prestação jurisdicional.

É evidente que a demora na prestação jurisdicional não apresenta qualquer vinculação com a destruição ou manutenção da coisa julgada. Os fundamentos jurídicos são diversos. Assim, é possível à parte que alcançou a vitória em um processo cível demandar contra o Estado em face da demora na prestação jurisdicional. A demora, para justificar a responsabilidade do Estado, deve ser imputada exclusivamente à falta ou falha no serviço jurisdicional – conceitos que obrigatoriamente afastam a possibilidade de aplicação pura e simples da regra geral prevista na Constituição Federal.

3.6. Causas impeditivas da responsabilidade

Há necessidade, ainda, de examinar se o não-esgotamento dos recursos ordinários e extraordinários se constitui em óbice a posterior propositura de ação reparatória. Ausente a propositura de recursos existe a formação da coisa julgada. Estes dois aspectos serão

---

[178] Mostra-se novamente a absoluta incompatibilidade entre a cláusula geral prevista no art. 37, § 6°, da Constituição Federal e a tipificação da conduta estatal produzida pela demora na prestação jurisdicional. A demora exige a culpa do magistrado ou a configuração de falta eficiente do serviço público. Ambos conceitos subjetivos.

enfrentados no presente capítulo, objetivando verificar se a não-propositura de recurso e a formação da coisa julgada constituem-se em óbices à demanda reparatória.[179]

3.6.1. Existência de recurso ordinário ou extraordinário

A eventual pendência de recurso ou a sua não-interposição no momento adequado constituindo fato impeditivo da propositura da ação de indenização.

Desde logo, a pendência de recurso, portanto, com a possibilidade de alteração pela instância superior da decisão atacada, é óbice para o ajuizamento da ação de reparação por deficiente prestação jurisdicional.

Ausência de interposição de recurso no momento adequado, em princípio não revela óbice ao ajuizamento de ação de indenização. O dano causado pela não-adequada prestação jurisdicional não possui como fundamento a não-interposição de recurso, mas justamente na ausência de qualidade da decisão proferida, gerando possibilidade da demanda reparatória.

Não há qualquer óbice para o ajuizamento da ação de indenização na ausência de utilização de todos os recursos colocados à disposição da parte; inexiste necessidade de esgotamento das medidas recursais para ensejar, posteriormente, o ajuizamento da demanda reparatória.[180] Há necessidade de exame dos efeitos da coisa julgada em relação à demanda reparatória.

3.6.2. Os atos judiciais e a coisa julgada

O exame da coisa julgada e a demanda reparatória se mostram necessários em face da possibilidade de existirem dois raciocínios, ambos lógicos, sobre o tema:

---

[179] Hipótese semelhante foi objeto de discussão no pertinente a ação rescisória, A matéria se encontra pacificada face a súmula 514 do STF.

[180] Existe apenas necessidade de exame dos efeitos da coisa julgada, conforme será explicitado no item posterior.

a) primeiro revelando ser necessária a prévia destruição da coisa julgada;

b) segundo permitindo a demanda reparatória sem prévia destruição da coisa julgada.

Justifica-se, assim, a necessidade do exame conceitual relativamente à coisa julgada.

Havendo possibilidade, em tese, da configuração da ação buscando a responsabilização estatal, é necessária a limitação da própria idéia de coisa julgada, quanto a isso, alguns autores sustentam a possibilidade de ajuizamento de ação de indenização, mesmo existindo os efeitos da imutabilidade.

Uma das características fundamentais dos atos jurisdicionais é a sua imutabilidade produzida pela ocorrência da coisa julgada. Elemento diferenciador da atividade jurisdicional das demais atividades estatais diz respeito à imutabilidade, à impossibilidade de serem alteradas.

O exame da responsabilidade extracontratual do Estado exige observar a extensão da coisa julgada e a sua influência sobre a eventual pretensão indenizatória da parte ofendida.

A coisa julgada pode ser definida utilizando-se o conceito de Ovídio A. Baptista da Silva:[181]

"[...] a coisa julgada, no sentido em que dela trataremos a seguir, é um fenômeno peculiar e exclusivo de um tipo especial de atividade jurisdicional. Se nem todo o ato, ou processo jurisdicional, produz coisa julgada, é certo que não a produzem os atos dos demais Poderes do Estado (executivo e legislativo). No sistema jurídico brasileiro, pode-se afirmar que este princípio decorre de preceito constitucional que permite, em qualquer caso, revisão, pelos órgãos do Poder Judiciário."

---

[181] SILVA, Ovídio A. Baptista da. *Op. cit.*, p. 411.

Neste quadro, assumem destaque duas idéias fundamentais: a primeira traduzida na concepção de imutabilidade; a segunda refere a possibilidade de apenas o próprio Poder Judiciário possuir o controle dos mecanismos capazes de afastar a imutabilidade produzida.

Assim, é possível concluir serem as decisões judiciais, após transcorridos os prazos de recursos, imutáveis, não passíveis de alcance por qualquer outro ato estatal.

Após alcançada a imutabilidade, existe, ainda, possibilidade de destruição da coisa julgada, utilizando-se mecanismos processuais próprios: (a) no crime a revisão criminal e o *habeas corpus*, conforme precedentes jurisprudenciais;[182] (b) no cível, a ação rescisória.[183] Alguns procedimentos não admitem ação rescisória, como aqueles previstos na Lei 9.099/95.

Justamente a possibilidade, ou não, de alteração dos efeitos da coisa julgada, é determinante para a possibilidade, ou não, de ajuizamento de ação buscando a responsabilidade do Estado por deficiente prestação jurisdicional.

A coisa julgada constitui-se em pedra angular de toda a estrutura do sistema judiciário brasileiro. A estabilidade das decisões judiciais repousa, logicamente, na idéia da imutabilidade destas decisões. A idéia de imutabilidade, por sua vez, traduz a noção de segurança jurídica, sendo, ademais, direito e garantia fundamental.

Alcançada a impossibilidade de modificação da decisão judicial, seja pela perda do prazo para ação desconstitutiva da coisa julgada, pelo julgamento de improcedência da ação rescisória ou revisional; ou não-acolhimento do *habeas corpus*, ou, ainda, pela absoluta ausência de previsão legal (Lei.9.099/95), é necessário tecer algumas considerações sobre os efeitos produzidos por tais circunstâncias.

---

[182] Art.621 a 631 do Código de Processo Penal.

[183] Art.485 do Código de Processo Civil.

Alguns autores, entre eles Giovanni Ettore Nanni,[184] Augusto do Amaral Dergint,[185] Luiz Augusto Soares Hentz,[186] revelam não existir qualquer óbice para o ajuizamento da ação reparatória, em face da deficiente prestação jurisdicional, como decorrência da *res judicato*. Existe, contudo, uma simplificação exagerada neste entendimento. Argumentam os autores, em síntese, que a demanda reparatória não atinge a coisa julgada, o objeto é diverso. Assim, haveria possibilidade de ajuizamento de demanda indenizatória mesmo existindo coisa julgada.

Em princípio, ausência de ajuizamento de ação desconstitutiva da coisa julgada (civil ou criminal) é impeditiva da ação de responsabilidade por danos ocasionados por deficiente prestação jurisdicional.

Os motivos que acarretam a impossibilidade da ação reparatória, quando ainda persistente a coisa julgada, prendem-se a dois argumentos básicos:

a) ação de responsabilidade por deficiente prestação jurisdicional não pode ser substituta de instrumentos processuais colocados à disposição das partes;

b) não-ajuizamento da ação desconstitutiva não permite a substituição da parte a quem deveria recair o ônus da reparação pelo Estado.

Mesmo sendo uma regra geral, a impossibilidade de ajuizamento de demanda reparatória pela existência da coisa julgada deve apresentar certa mitigação. Não pode a coisa julgada ser óbice absoluto à propositura da ação de responsabilidade contra o Estado, em decorrência da deficiente prestação jurisdicional.

A coisa julgada apenas deve ser impedimento ao ajuizamento de demanda nas hipóteses de improcedência ou não-ajuizamento da ação desconstitutiva da coisa

---

[184] NANNI, Giovanni Ettore. *Op. cit.*

[185] DERGINT, Augusto do Amaral. *Op. cit.*

[186] HENTZ, Luiz Augusto Soares. *Op. cit.*

julgada – rescisória, revisional ou *habeas corpus*, conforme a hipótese.

Não obstante o não-ajuizamento da ação rescisória ou revisional, consideramos existir uma hipótese, específica, em que não se mostra crível a impossibilidade da ação reparatória, tal como ocorre quando, ainda que não proposta a ação rescisória ou revisional, existir possibilidade de imputação ao magistrado ou ao colegiado de algum ato de improbidade. Nesse caso, evidentemente deve a ação ressarcitória apresentar sua viabilidade.[187] Absurdo imaginar, v.g., no caso de comprovada corrupção do magistrado ou do colegiado, não haja qualquer espécie de responsabilidade extracontratual do Estado. É importante salientar que, na hipótese, houve o surgimento de um novo pressuposto lógico a ensejar possibilidade de reparação – a incidência das regras da legislação relativa à improbidade administrativa.[188] É importante salientar que, embora o cidadão não possa propor diretamente a demanda de improbidade, estão caracterizadas as hipóteses previstas na legislação especial, e configurada estará a responsabilidade extracontratual do Estado pela deficiente prestação jurisdicional.

Nas hipóteses em que não há possibilidade de ação rescisória, v.g., os procedimentos elencados na Lei 9.099/95, a ação de indenização é o único mecanismo para afastar eventual prejuízo para o cidadão. Inexiste possibilidade de cogitar a prevalência da coisa julgada em face de eventual dano ocasionado pela deficiente prestação jurisdicional. Optando o legislador pela simplificação procedimental – supressão da ação rescisória

---

[187] O exemplo que pode ser construído na hipótese de estar configurado algum ato de corrupção por parte do magistrado, não se mostra crível seja permitida a manutenção do julgado, sem que haja qualquer responsabilidade do Estado e do próprio julgado.

[188] Em capítulo próprio, será examinada a relação dos magistrados com a lei de improbidade.

A responsabilidade do Estado e do Magistrado

como instrumento para afastar eventual injustiça da decisão – não há como afastar a ação reparatória. O argumento para não permitir a indenização do Estado seria a prevalência da coisa julgada. À medida que o sistema retira o mecanismo de atenuação de eventuais abusos ou equívocos das decisões, não se pode afastar o dever do Estado em reparar, quando eventualmente configurada deficiente prestação jurisdicional.

O sistema jurídico deve apresentar coerência, constatação que decorre de uma exegese sistemática. A ação rescisória e a revisão criminal, ao que parece, justamente foram previstas para atenuar a extrema severidade dos efeitos da coisa julgada, especialmente, a imutabilidade das decisões.

Do exposto, deflui, portanto, não ser a coisa julgada óbice absoluto para a propositura de ação de indenização por deficiente prestação jurisdicional do Estado. A coisa julgada apenas afasta a ação de indenização quando não há a propositura da ação de desfazimento. Nas hipóteses em que o sistema não tenha a previsão da ação desconstitutiva da coisa julgada, existirá sempre a necessidade de permitir a propositura da ação de indenização.

4. A responsabilidade pessoal do Juiz

4.1. Considerações gerais

A caracterização da responsabilidade pessoal do magistrado exige, antes de mais nada, seja esboçada uma definição do papel da magistratura no âmbito do Estado Democrático de Direito. Assim, apenas definido esquematicamente o papel do magistrado dentro da estrutura estatal, é possível o exame do alcance da responsabilidade pessoal do juiz no que diz com a deficiente prestação jurisdicional.

A responsabilidade pessoal pode apresentar duas dimensões:

a) a demanda ajuizada em decorrência de atos lesivos praticados em decisões jurisdicionais;

b) a ação ajuizada contra o juiz com fulcro na Lei 8.429/92.

Como se vê, a responsabilidade pessoal do magistrado pode decorrer de deficiente prestação jurisdicional ou de ato de improbidade administrativa. Elabora-se, assim, o complexo mosaico sobre a pessoal responsabilidade do juiz. As múltiplas funções exercidas pelos magistrados, no âmbito da função pública, obrigam a realização da divisão proposta. Ademais, quando caracterizada a improbidade administrativa, que não se presta para a reparação direta ao cidadão, mas apenas ao erário, caso haja com as decisões jurisdicionais prejuízos ao tesouro público, o magistrado poderá sofrer demanda direta, figurando no pólo ativo os legitimados na legislação própria.[189] Aos cidadãos, de forma individual, é apenas possível o ajuizamento de demanda contra o Estado ou Estado e Magistrado de forma simultânea, conforme referido no presente estudo.

4.2. A responsabilidade do juiz por deficiente prestação jurisdicional

A construção da responsabilidade pessoal do magistrado em decorrência de sua atividade jurisdicional mostra-se tema tormentoso, merecendo uma série de indagações, especialmente no pertinente à forma pela qual a responsabilidade deverá ser caracterizada.

A responsabilidade pessoal do juiz, por evidente, apresenta no elemento subjetivo a sua nota fundamental: evidenciar a culpa grave ou dolo é essencial para ensejar a possibilidade de sua caracterização.[190]

A questão colocada, sem dúvida, é polêmica, especialmente confrontando os dispositivos aplicáveis na esfera infraconstitucional e os contidos na Constituição Federal.[191]

A problematização, portanto, envolve a necessidade de definição, se presentes as hipóteses elencadas na lei processual civil e em outros textos legais.[192] Há

---

[189] A legitimidade ativa para a ação de improbidade se encontra regulada na Lei 8.429/92, em art. 17. A pessoa jurídica de direito público interessada ou o Ministério Público possuem legitimidade concorrente.

[190] Na reforma do Poder Judiciário, em tramitação no Congresso Nacional, o magistrado apenas poderá ser responsabilizado, caso aja com dolo – nova redação do art. 95, § 4º, da Constituição Federal.

[191] As normas referidas são o art. 37, § 6º, da Constituição Federal e as contidas no art.133, II, do Código de Processo Civil.

[192] A respeito, ver a nota número quatro, que apresenta uma coleta de normas em que há a previsão de responsabilidade do juiz.

possibilidade de o ofendido demandar diretamente contra o magistrado, sem necessidade de observar o sistema geral de responsabilidade estatal É importante salientar que o sistema adotado pelo Código de Processo Civil constitui-se no sistema adotado pela França no Código de Processo Civil; semelhante sistema é encontrado na Bélgica e no Egito.[193]

Envolve, portanto, a idéia de ajuizamento de demanda contra o magistrado, quando houver o entendimento de existir dolo, fraude ou retardamento no exame de pretensão formulada pela parte ou outra hipótese na qual se sinalize responsabilidade do juiz. Relevante a questão, à medida que a sua fixação estabelece os paradigmas de um modelo de reparação de danos pela deficiente prestação jurisdicional.

O tema comporta o exame a partir de dois enfoques:[194]

a) contido especialmente na lei processual civil[195] revela apenas os limites quando poderia existir o ajuizamento de demanda diretamente contra o magistrado, hipótese na qual poderia o ofendido escolher entre promover a ação contra o Estado ou diretamente contra o magistrado;

b) A norma contida no art. 37, § 6°, da Constituição Federal, deve prevalecer, sendo as demais normas mera-

---

[193] Retira-se a noção da obra de DIEZ-PICAZO, Ignácio. *Poder Judicial y Responsabilidad*, p. 19, como é possível se constatar no Código de Processo Civil Francês de 1806, em seus arts. 505/516.

[194] Existe na doutrina – artigo do prof. Mário Moacyr Porto, Responsabilidade do Estado por Atos de seus Juízes – um terceiro enfoque, que de certa forma apresenta confusão com os demais; diz respeito a considerar que, na hipótese do art. 133, I, do Código de Processo Civil, há responsabilidade direta do Estado, havendo possibilidade de ação regressiva. Já na hipótese do art.133, II, da lei processual civil, a responsabilidade seria pessoal do magistrado.

[195] A Lei Orgânica da Magistratura – LOMAM – estabelece, em seu art. 46, as hipóteses de responsabilidade para os juízes. Igualmente o Código Civil apresenta hipóteses de responsabilidade pessoal do magistrado – art. 294, 420, 421 e 1533 . No mesmo sentido art. 6°, da Lei 4.898/65.

A responsabilidade do Estado e do Magistrado

mente supletivas em relação ao disposto na Carta Magna. A ação indenizatória deveria ser proposta diretamente contra o Estado, e as demais normas apenas seriam diretrizes da possibilidade de ajuizamento de ação regressiva[196] e excepcionalmente, da formação de litisconsórcio entre o Estado e o magistrado.

O exame das duas posições, analisando qual deva prevalecer, mostra-se indispensável. Há necessidade, portanto, de compatibilizar o sistema consagrado na Constituição Federal com as demais normas de direito positivo aplicáveis à espécie.

4.2.1. Exame da possibilidade de o magistrado ser diretamente demandado

A possibilidade jurídica para ensejar demanda diretamente contra o juiz estaria, para muitos, embasada na previsão legal, como aquela referida no Código Civil e em outros dispositivos.

Assim, em todas as oportunidades em que houvesse deficiência na prestação jurisdicional e presente, em tese, a previsão de responsabilidade do juiz, haveria condições de demandar contra o mesmo, sem necessidade de prévio ajuizamento de ação contra o Estado.

Não haveria, nessa demanda, qualquer ausência de lógica com o restante do sistema.[197]

A lei processual e os demais dispositivos em que há previsão de responsabilidade pessoal do juiz teriam criado a possibilidade, portanto, de ajuizamento de ação indenizatória diretamente contra o magistrado. O sistema oportunizaria uma dupla opção para o cidadão ofendido: (a) ação de responsabilidade contra o Estado; (b) a demanda diretamente contra o juiz.

---

[196] AGUIAR JÚNIOR, Ruy Rosado de. *Op. cit.*, p. 33.

[197] COUTO E SILVA, Almiro do., em trabalho datilografado e inédito, *A Responsabilidade Extracontratual do Estado no Direito Brasileiro* – revela tal posição.

À medida que a responsabilidade do Estado por deficiência na prestação jurisdicional é situação admitida na doutrina de forma pacífica, o sistema deve criar hipóteses nas quais o próprio juiz possa ser demandado. A responsabilidade estatal é situação acolhida pelo sistema, contudo imputar ao magistrado responsabilidade pessoal e direta constitui-se em exceção. A eventual banalização da responsabilidade direta acarretaria o esvaziamento da própria carreira. Assim, criou o sistema hipóteses em que haveria possibilidade de buscar-se a reparação diretamente. As normas ordinárias jamais poderiam restringir a responsabilidade estatal, mas haveria condições de engendrar-se, como efetivamente se fez, situações previstas em lei, nas quais o juiz seria passível de pessoalmente ser demandado.

4.2.2. Análise da necessidade de ajuizamento da ação apenas contra o Estado

Centra-se a noção de existir apenas possibilidade de ajuizamento contra o Estado, sem demanda direta contra o magistrado, na regra geral estabelecida no art. 37, § 6º, da Constituição Federal, apenas havendo possibilidade de ação regressiva, conforme permissivo contido na própria Carta Magna.

A atividade jurisdicional deve ser interpretada de forma genérica, não obstante suas especificidades, como prestação de serviço público, estando, portanto, sujeita às regras gerais estabelecidas pela Constituição Federal nesta seara.

Necessária a interpretação do sistema de responsabilidade estatal para examinar quem deva de fato ser demandado. Para tanto, há que se fazer adequada exegese das normas constitucionais.

Conceder ao cidadão a possibilidade de demandar apenas contra o Estado cria um reforço à idéia de que a função judicante é essencial ao próprio conceito de

Estado democrático de Direito. A independência da Magistratura se funda, justamente, em permitir certas salvaguardas contra eventuais ataques dos particulares. A impossibilidade de demanda direta contra o magistrado, nesta linha de entendimento, fortalece a tese de preservação da independência e liberdade em exercer as tarefas de julgar os membros do corpo social.

Ademais, para o Estado não se vislumbra qualquer prejuízo, já que, absolutamente, obrigatória denunciação, caso sejam configuradas em tese as hipóteses previstas na legislação infraconstitucional.

É apenas admissível, em face de não existir qualquer alteração na lógica prevista nas regras constitucionais, o ajuizamento simultâneo da ação contra o Estado e o magistrado.[198]

Compatibiliza-se, portanto, o sistema constitucional previsto para a responsabilidade estatal extracontratual com a legislação ordinária.

As regras previstas na legislação ordinária em nenhum momento estabelecem expressamente a possibilidade de demanda, diretamente, contra o magistrado, apenas prevendo que, caracterizadas as situações elencadas,[199] há possibilidade de responsabilização. Não são indicativos da possibilidade da demanda ser proposta diretamente contra o juiz. Cria-se a idéia de demanda direta contra o magistrado em decorrência da interpretação realizada. Não é possível estabelecer por via de interpretação a legitimidade passiva para a demanda.

---

[198] A respeito, o Superior Tribunal de Justiça já decidiu ao julgar o Recurso Especial n°34930-1/SP, DJU 17.495/p. 9558, a possibilidade de o Estado e o servidor serem demandados de forma conjunta. Os dois principais argumentos utilizados para o Superior Tribunal de Justiça admitir o litisconsórcio passivo foram a obrigatoriedade da denunciação da lide e a inexistência de regra legal explícita revelando a proibição de ajuizamento simultâneo contra o Estado e o servidor.

[199] É evidente que se esta a referir as hipóteses de responsabilidade em decorrência de deficiente prestação jurisdicional.

A conclusão lógica a ser extraída do exame das duas posições deve, obrigatoriamente, levar em consideração o sistema de responsabilidade extracontratual do Estado e as específicas funções da Magistratura:

a) responsabilidade da magistratura é sempre subsidiária da Estatal;

b) a eventual responsabilidade dos magistrados deve ser fundada em aspectos subjetivos. A responsabilidade é aquiliana.

5. O dano e a extensão da reparação

A idéia de reparação se encontra, intimamente, ligada à noção de dano. A totalidade das ações humanas lesivas devem ser reparadas, sendo que a própria harmonia da vida em sociedade apresenta tal exigência.[200] A noção de dano se mostra necessária objetivando a criação de mecanismos tendentes a afastar atos prejudiciais a direitos de terceiros – com possibilidade ou não de apreciação imediata relativamente ao aspecto patrimonial.[201]

A construção de um conceito de dano adequado à noção de responsabilidade é indispensável. Neste sentido, é elucidativa a seguinte passagem de Mazeud-Tunc:[202]

> "Entre los elementos constitutivos de la responsabilidad civil, el prejuicio es aquel cuya existencia suscita menos discusiones. La jurisprudencia se muestra unánime en declarar que no puede haber responsabilidad sin un daño; y la inmensa mayoría de la doctrina se contenta con registrar la regla. En afecto, esse requisito aparece como integrado la esencia da la responsabilidad civil. Puesto que se trata de reparar, hace falta desde luego que exista algo que reparar."

---

[200] BITTAR, Carlos Alberto. *Reparação Civil por Danos Morais*, p. 13.

[201] Idem, p. 16.

[202] MAZEUD, Henry e León; TUNC André. *Op. cit.*, p. 293.

Um dos mecanismos objetivando a concretização dos princípios informadores do Estado Democrático de Direito é estabelecer os limites da responsabilidade extracontratual do Estado, moderno mecanismo para impor balizamento ao poder. A instrumentalização pragmática exige o conhecimento conceitual pertinente ao dano.[203]

O dano, em uma concepção atualmente aceita de forma unânime, apresenta uma dupla dimensão material ou imaterial.[204]

A conceituação do dano visa a qualificar a própria noção de responsabilidade, abrangendo ambas as situações examinadas no presente estudo – o dano a ser indenizado pelo Estado e decorrente da pessoal responsabilidade do magistrado.

Assim, havendo duas vertentes a ensejar possibilidade de reparação pela deficiente atividade judicial – em um primeiro plano, o Estado e, supletivamente, o magistrado, obrigatoriamente há necessidade de definir se o dano deva apresentar tratamento igualitário, ou se existem condições de distinguir ambas as esferas. Justifica-se a indagação em face de serem as concepções de responsabilidade diversas para cada espécie ator envolvido – o magistrado pessoalmente ou o Estado.[205]

---

[203] FRADERO, Vera Maria Jacob (org.). *O Direito Privado brasileiro na visão de Clóvis do Couto e Silva*, p. 217.

[204] MAZEUD, Henry e León; TUNC André. *Op. cit.*, p. 298, assevera que os danos que acarretem a diminuição patrimonial devem ser tratados como materiais e àqueles onde não existe uma diminuição do patrimônio de forma imediata devem ser tratados como danos morais.

[205] É bastante elucidativa a seguinte passagem da obra de HENTZ, Luiz Antônio Soares, Indenização da Prisão Indevida, "E o direito público, como vê o dano. O mesmo sentido jurídico que emana da disciplina civil do dano se aplica no direito público, mas com abstração do caráter penalizante (ao menos no seu conceito geral), cujo conteúdo não se coaduna com princípios informadores da matéria nessa esfera. Verificando-se uma conduta lesiva a bem jurídico por ação ou omissão imputável ao Estado, a violação de bem jurídico do particular afeta a sua condição de sujeito de direitos, que só naquele sentido é alterada em face as normas de direito público que obriga a reparação do dano. Operou-se um aperfeiçoamento do instituto jurídico em

José de Aguiar Dias revela que o dano

"[...] se estabelece mediante o confronto entre o patrimônio realmente existente após o dano e o que possivelmente existiria, se o dano não se tivesse produzido: o dano é expresso pela diferença negativa encontrada nesta operação".[206]

A idéia de dano – lesão a direito com ou sem imediata mensuração econômica – não apresenta modificação conceitual pela alteração da parte responsável pelo dever de indenizar. Identifica-se uma igualdade, não obstante ser a responsabilidade estatal de caráter objetivo,[207] e a responsabilidade do magistrado, subjetiva. Verifica-se apenas uma maior amplitude decorrente das particularidades de cada responsável.

Aponta-se como características fundamentais do dano, seja na esfera pública ou privada, a certeza, a atualidade e fato de ser o mesmo direto.[208]

A idéia de certeza é assim traduzida por Mazeud-Tunc,[209] *in verbis*:

"Al exigir que el prejuicio sea cierto, se entiende que no debe ser por ello simplesmente hipótetico. Es preciso que el juez tenga la certeza de que el demandante se habría encotrando en uma situación mejor si el demando no hubiera realizado el acto que se le reprocha."

Assim, na responsabilidade do Estado pela deficiente prestação jurisdicional, deve o ato ou omissão ser

---

favor do prejudicado por comportamento estatal, orientando pelo sentimento de justiça social (o princípio da igualdade, que empresta seu color para a reparação de danos sem culpa, é prova disso)."

[206] DIAS, José de Aguiar. *Op. cit.*, p. 798.

[207] Ressalvo a posição exposta sobre a responsabilidade do Estado em face da deficiente prestação jurisdicional conforme capítulo próprio.

[208] Neste sentido NASCIMENTO, Tupinambá Miguel Castro do. *Responsabilidade Civil do Estado*, p. 52.

[209] MAZEUD, Henry e León; TUNC André. *Op. cit.*, p. 301.

A responsabilidade do Estado e do Magistrado

a causa do prejuízo, presentes os demais requisitos exigidos para a configuração da obrigação de reparar.

É importante registrar que, na responsabilidade do Estado, o dever de reparar o dano é amplo, não apresentando qualquer limitação. Ocorrendo lesão a direitos de natureza material ou moral, cria-se o dever de indenizar.

A recomposição do dano, em princípio, deveria ser realizada de forma natural. A indenização deveria abranger a possibilidade de ser ampla, permitindo a conclusão de absoluta ausência de prejuízo para o cidadão lesado.

Assim, além da recomposição pelos danos materiais efetivamente passíveis de comprovação, a deficiente prestação jurisdicional pode acarretar, em casos tópicos, a ocorrência de danos morais, mostrando plausível o exame da problemática relativa aos danos morais.

5.1. O dano moral – generalidades

A deficiente prestação jurisdicional pode produzir duas ordens de danos aos jurisdicionados: (a) um primeiro identificado com a tradicional idéia de dano material, já referido; (b) outros caracterizados pela ausência de uma imediata apreciação econômica – dano moral.

Os danos morais, como já é do conhecimento comum, apresentam possibilidade de reparação. A vigente Constituição Federal[210] expressamente consagrou a sua reparação como direito fundamental. Anteriormente, a doutrina e a jurisprudência já vinham consagrando a sua aplicação.

O dano moral e extrapatrimonial apresenta sua expressão na dor, na humilhação, portanto conotação

---

[210] Conforme art. 5º, X, da vigente Constituição Federal.

manifestamente simbólica.[211] Assim, reparação quando deferida, deve preservar a representatividade alhures referida. A prestação pecuniária resultante da fixação será a compensação do dano internalizado pelo sujeito.

A primeira noção é a necessidade de o dano moral reparar o ilícito praticado, mesmo que não haja uma imediata e direta possibilidade de avaliação patrimonial.

É sempre atual a lição de A. Von Thur:[212]

"El lesiontato tiene de este modo un lucro patrimonial que puede destinar a procurasse las satisfaciones ideales o materiales que estiene oportunas. Esto, y la conciencia de que las medias para lograr sobre del patrimonio del culpable, contribuyrá a compensar el quebranto que le haya producido la agresión y a acallar esse sentimiento de venganza innato en el hombre, por moderno y civilizado que éste sea."

Definida a possibilidade de compensação por danos morais, necessário considerar as funções exercidas em decorrência da imposição da reparação por dano moral. Desenvolve o dano moral, basicamente, duas funções: (a)função de indenização e (b) punitiva.[213]

A característica indenizatória se revela na aptidão de satisfazer a vítima, criando a noção da necessidade de buscar a satisfação de um direito lesionado. Consagra-se a sanção da agressão a algum direito.

Além do caráter indenizatório, o dano moral deve apresentar em seu conteúdo o caráter punitivo. O agressor deve sofrer alguma punição, tendo em vista o dano infligido à vítima. A punição possui o sentido de afastar a possibilidade de eventual repetição do ato agressivo

---

[211] Assim DIAS, José de Aguiar. *Op. cit.,* p. 730.

[212] THUR, A. Von. *Op. cit.,* p. 89.

[213] Conforme explicitado na obra de REIS, Clayton. *Avaliação do Dano Moral,* p. 121-164.

porque a idéia é nitidamente criar um sentimento de intimação, obstruindo a renovação da agressão, persuadir a não-ocorrência de novo dano, construir uma nova consciência no cidadão.

Assim Clayton Reis:

> "[...] o direito deve operar sobre o indivíduo objetivando criar na pessoa uma consciência transindividual de maneira que cada um possa desenvolver intimamente uma exata compreensão dos mecanismos sociais que regem a coletividade onde se encontram inseridos".[214]

No mesmo sentido, Caio Mário da Silva Pereira.[215]

Nesta perspectiva, o dano moral não exige efetivo prejuízo material. Os bens jurídicos que permitem e autorizam o reconhecimento dos danos morais apresentam natureza diversa. A eventual exigência de efetiva perda patrimonial é a própria negativa da reparabilidade do dano moral.

Registrem-se posições diversas de Yussef Said Cahali, que apenas admite em algumas hipóteses a não-efetiva comprovação do dano moral:

> "regra geral no plano do dano moral não basta o fato em si do acontecimento, mas sim a prova de sua repercussão prejudicialidade moral [...] há danos morais que se presumem de modo que ao autor basta a alegação, ficando a cargo da outra parte a produção de provas em contrário [...] há outros porém, que devem ser provados, não bastando a mera alegação(simples aborrecimento naturalmente decorrente de insucesso do negócio)".[216]

---

[214] REIS, Clayton. Op. cit., p. 151.

[215] PEREIRA, Caio Mário da Silva. *Op. cit.*, p. 55.

[216] CAHALI, Yussef Said. Op. cit., p. 701.

5.2. Dano moral e a responsabilidade extracontratual do Estado

Não há, em princípio, qualquer restrição para os danos morais atingirem também as relações do Estado com os cidadãos. Cria-se para o Estado o dever de ser responsável por eventuais danos qualificados como morais. Importante é preservar a eventual reparação de ilícitos. Neste sentido Augustin A . Gordillo[217] revela a possibilidade de caracterização do dano moral em decorrência da atividade estatal.[218] Gordillo exige a ocorrência de efetivo dano material, circunstância já rejeitada alhures. Exigir o efetivo dano material objetivando a caracterização do dano moral ocasiona a perda de seus fundamentos.

Em muitas oportunidades a atividade estatal produz danos meramente patrimoniais. Em algumas hipóteses especiais, contudo, logra gerar danos exclusivamente morais. O exame há de ser tópico, não havendo condições de estabelecer uma regra geral, abstrata capaz de abarcar todas as hipóteses.

Definida a possibilidade de o Estado responder como os particulares em face de eventuais danos morais produzidos, necessária a explicitação no pertinente à deficiente prestação jurisdicional, isto é, como se poderá verificar a ocorrência de dano moral vinculado à deficiente prestação jurisdicional.

Em princípio, a ofensa pelo Estado, enquanto prestador de jurisdição, por fato ou circunstância capaz de atingir bens jurídicos sem avaliação econômica imediata, gera possibilidade de indenização.

Afastada a criação de uma fórmula geral, necessário o exame tópico de situações em que, de forma

---

[217] GORDILLO, Augustin A.. *Op. cit.*, p. XXI – 13.

[218] Igualmente em sentido da possibilidade de condenação do Estado por danos morais, ver as obras de CAHALI, Yussef Said. *Op. cit* HENTZ, Luiz Augusto Soares. *Op. cit.*

emblemática, há condições de vislumbrar, ao menos em tese, a apuração dos danos morais. As duas situações fáticas dizem com a indevida prisão e a morosidade no julgamento dos processos.

A prisão indevida, nas condições examinadas em capítulos anteriores, gera a possibilidade de indenização por danos morais. A privação da liberdade, a dor pela injustificada segregação, acarretam a agressão a bens sem qualquer mensuração econômica, logo, geram a possibilidade de condenação do Estado em face de danos morais.

Há necessidade apenas de caracterizar a indevida prisão, pois, caso contrário, a simples segregação não gera a possibilidade de condenação estatal por danos morais. A interpretação do art. 5º, LXXV, da Constituição Federal não permite concluir que a simples prisão com posterior absolvição em outro grau de jurisdição possa gerar o direito indenizatório.[219] O Tribunal de Justiça de São Paulo, ao examinar a apelação 232.057/1, apresentou posição idêntica à exposta alhures, referindo a impossibilidade de condenação do Estado diante da simples absolvição pelo segundo grau de jurisdição. Revelou que a indenização apenas pode ocorrer, caso comprovado efetivamente o erro na decisão que segregou o cidadão.

5.3. A morosidade no julgamento e o dano moral

Conforme já referido em capítulos anteriores, uma das maiores mazelas e críticas atribuídas ao Judiciário diz respeito à ausência de uma resposta em tempo hábil para as demandas que lhe são dirigidas. As decisões judiciais pecam, em muitas oportunidades, pelo excesso

---

[219] A respeito excelente exame de DERGINT, Augusto do Amaral. *Op. cit.*, p. 163-180.

de tempo entre o início do processo e a satisfação final.[220]

A demora excessiva para o julgamento de um processo crime ou cível pode em tese gerar condições de responsabilização do Estado por danos morais. O excesso de tempo para a solução das questões pode acarretar desgastes emocionais, aflição, temor para as partes. É justamente tais circunstâncias que permitem a configuração de danos morais de responsabilidade do Estado.

Não obstante a possibilidade da excessiva demora gerar a produção de danos morais de responsabilidade estatal, importante salientar que a sua aplicação deva ser restrita, objetivando evitar uma generalização não-devida. O processo judicial sempre é a reconstituição de uma história passada, quando os atores merecem ser ouvidos, para após existir uma solução para a querela. A simples demora para a solução não gera o dever de indenizar. O excessivo transcurso de tempo para a solução do processo é capaz de gerar danos morais – pela aflição, expectativas e natural desgaste em face da própria natureza do litígio. Mostra-se necessária a demonstração que o excesso de tempo foi circunstância imputável a deficiências na máquina estatal. Há necessidade de mau funcionamento dos instrumentos de prestação jurisdicional.

---

[220] Em capítulo próprio, foi tratado, de forma detalhada, foram tratados os motivos pelos quais existe demora na prestação jurisdicional.

Síntese conclusiva

1. A responsabilidade do Estado pela deficiente prestação jurisdicional é uma imposição da moderna concepção de Estado de Direito. Com o abandono da idéia da irresponsabilidade de um dos Poderes da República, cria-se uma posição de responsabilidade.

2. No Direito romano, a responsabilidade civil apresenta uma primeira fase em que não existe qualquer distinção entre infrações penais ou cíveis. A recomposição do patrimônio lesado dos cidadãos é efetuado de forma tarifada. Apenas com o advento da *Lex Aquilia* há uma maior vulgarização das autorizações pretorianas para possibilitar indenizações além daquelas hipóteses expressamente previstas em textos legais. Não existe uma definição clara se a *Lex Aquilia* realmente obriga a inserção do elemento subjetivo como condição a ensejar a reparação. A evolução no Direito francês da noção de Responsabilidade Civil apresenta três fases distintas. A primeira é ligada à separação entre a responsabilidade penal e civil; a segunda é o período de afirmação da noção de culpa. Estabelece-se a construção definitiva do conceito de culpa; a terceira, período posterior à elaboração do Código Civil, apresenta como traço fundamental a elaboração da teoria do risco. Retira-se a culpa como elemento fundamental para informar e caracterizar a responsabilidade civil.

3. A evolução da responsabilidade civil no Brasil apresenta-se como reflexo da evolução do direito euro-

peu. Nesta primeira fase, revela o Direito lusitano. Proclamada a independência, paulatinamente adota o Brasil, por influência do Direito francês, as concepções consagradas relativas à culpa.

4. O exame da responsabilidade civil extracontratual possui relevância em decorrência de a responsabilidade pessoal do magistrado ser sempre e inegavelmente subjetiva, assim como pelas especiais características da responsabilidade do Estado pela deficiente prestação jurisdicional.

5. A Constituição Federal de 1988 estabelece, em princípio, a responsabilidade objetiva. Não obstante a adoção da responsabilidade objetiva, a vigente legislação não adotou o chamado risco integral, salvo a hipótese do art.21, XXIII, letra "c", da Constituição Federal. É possível, contudo, identificar a responsabilidade subjetiva do Estado em algumas hipóteses, nas quais a noção de responsabilidade objetiva se mostra absolutamente incompatível.

6. A responsabilidade do Estado por atos judiciais não se insere no âmbito dos paradigmas específicos da cláusula geral prevista no art. 37, § 6º, da Constituição Federal. O Estado é responsável pela deficiente prestação jurisdicional e configura-se a mesma, quando existir erro, conduta dolosa ou culpa grave do magistrado e morosidade na solução da querela. O traço comum das hipóteses capazes de gerar o dever de indenizar é o conteúdo subjetivo presente. Não há possibilidade de transformar a indenização por deficiente prestação jurisdicional em seguro a ser suportado por toda a coletividade, conforme preceito específico constante na própria Constituição Federal(art.5º, LXXV).

7. A ausência de radicalização da responsabilidade extracontratual do Estado por deficiente prestação jurisdicional funda-se na idéia de que sempre existe diminuição patrimonial das partes envolvidas em lití-

gio. Sempre haverá uma parte que será derrotada no processo.

8. A função judicante exercida pelos magistrados é essencial dentro da moderna concepção de Estado Democrático de Direito, não obstante o caráter essencial, apresenta à atividade dos juízes a necessidade de ser controlada, seja em nível administrativo, civil ou penal. A deficiência de quaisquer dos controles pode acarretar a perda de legitimidade do poder exercido pelos magistrados.

9. A responsabilidade do Estado pela deficiente prestação jurisdicional deve preservar a autoridade da coisa julgada, a demanda reparatória apenas pode ser ajuizada após a sua destruição, salvo nas hipóteses em que haja possibilidade de aplicação dos princípios relativos à improbidade administrativa. Não seria concebível ter o magistrado cometido ato de improbidade, e o seu ato permanecer intocável, com prejuízo para a parte.

10. A responsabilidade dos juízes é apenas supletiva. Não há possibilidade de serem diretamente demandados.

11. Além da idéia de lesão a direitos, com ou sem imediata mensuração econômica (danos morais), o dano deve ser direto, certo e atual.

12. Os danos morais podem ser imputados ao Estado. Havendo possibilidade de imputação estatal, relativamente, aos danos morais, possível a ocorrência de tal modalidade de dano, quando da prestação jurisdicional.

13. Em se tratando de danos morais decorrentes de deficiente prestação jurisdicional, existe necessidade de uma interpretação restritiva da ocorrência dos mesmos. Não há condições de vulgarizar a sua aplicação. Os danos morais, quando decorrentes de indevida prisão ou de prestação jurisdicional tardia, devem ser examinados topicamente.

14. O conceito de dano, essencial para a caracterização da responsabilidade civil extracontratual do Estado,

A responsabilidade do Estado e do Magistrado **113**

não apresenta qualquer distinção significativa com a idéia, normalmente, utilizada no direito privado – aplicável na hipótese de demanda regressiva contra os magistrados. Existe apenas possibilidade de identificação de uma maior ou menor extensão na própria mensuração do dano.

Referências bibliográficas

AGUIAR JÚNIOR, Ruy Rosado de. *A Responsabilidade Civil do Estado pelo exercício da função jurisdicional*. Porto Alegre: AJURIS, vol. 59, p. 5-48, 1993.

——. *Responsabilidade Política e Social dos Juízes nas Democracias Modernas*. Porto Alegre: AJURIS, vol. 70, 1997, p. 1-33.

——. *A crise da advocacia no Brasil*. 2. ed. São Paulo: Alfa-Omega, 1994.

ALESSI, Renato. *Principi della responsabilità civile nella pubblica amministrazione*. Itália: Zanicheli Editore, 1961.

ALVES, José Carlos Moreira. *Direito Romano*. 3. ed., Rio de Janeiro: Forense, 1980.

ALVIM, Arruda. *Tratado de Direito Processual Civil*. Vol. 01.

AMADEO, José Luis. *Responsabilidad del Estado por Actos Lícitos*. Buenos Aires/Argentina: Ad-Hoc, 1998.

APOSTOLOVA, Bistra Stefanova. *Poder Judiciário: Do Moderno ao Contemporâneo*. Porto Alegre: Sérgio Antônio Fabris, 1998.

ARAUJO, Edmir Netto. *Responsabilidade do Estado por Ato Jurisdicional*. São Paulo: RT, 1981.

ARAUJO, José Francelino de. *A Responsabilidade Civil do Estado por excesso de pena no juízo criminal*. São Paulo: RT – 511. 1978, p. 469-475.

BACELLAR FILHO, Romeu Felipe; Oto Luiz Sponholz. *Responsabilidade Civil do Estado* in Jurisprudência Brasileira, vol. 151, Paraná: Juruá, p. 13-22,

BAHIA, Saulo José Casali. *Responsabilidade Civil do Estado*. Rio de Janeiro: Forense, 1998.

BAÍA, Jacinto Américo Guimarães *in Revista de Direito Civil*, vol. 04, RT, p. 50.

BARROS, Benedicto. *A Responsabilidade do Estado e o Direito de Indenizar*. Revista de Direito da Procuradoria Geral da Prefeitura do Distrito Federal, S/E, 1956.

BASTOS, Celso Ribeiro. *Curso de Direito Administrativo*. 2. ed., São Paulo: Saraiva, 1996.

BASTOS, José Francisco Rudge. *Da responsabilidade civil do Estado pelos danos causados ao sentenciado* in Justitia, vol. 78, São Paulo, 1972.

BENETI, Sidnei Agostinho. *Da Conduta do Juiz*, São Paulo: Saraiva.

BETTI, Emílio. *Cours de Droit Civil Comparé des Obligations*. Milão: Dott. A. Giuffrè – Editore, 1958.

——. *Teoria Generale delle Obligazioni*. Milão: Dott. A. Giuffrè – Editore 1954.

BEVILÁQUA, Clóvis. *Direito das Obrigações*. Ed. hist. Rio de Janeiro: Rio, 1977.

BITTAR, Carlos Alberto. *Reparação Civil por Danos Morais*. 3. ed. São Paulo: Revista dos Tribunais, 1998.

BONFANTE, Pedro. *Instituciones de Derecho Romano*. 5. ed., Instituto Editorial Réus, 1979.

CAHALI, Yussef Said. *Dano Moral*. 2. ed. São Paulo: RT, 1998.

——. *Responsabilidade Civil do Estado*. 2. ed. São Paulo: Malheiros Editores, 1995.

CANOTILHO, José Joaquim Gomes. *Direito Constitucional*. Portugal, Coimbra: Livraria Almedina, 1998.

——. *O problema da Responsabilidade do Estado por actos ilícitos*. Portugal, Coimbra: Livraria Almedina, 1971.

CARLIN, Volnei Ivo. *A responsabilidade civil do Estado resultante do exercício das funções jurisdicionais*. São Paulo: RT, vol.557, p. 15-26, 1982.

CARNEIRO, Maria Francisca. *Avaliação do Dano Moral*. Porto Alegre: Sergio Antonio Fabris Editor, 1998.

CASTRO JR., Osvaldo Agripino de. *A Democratização do Poder Judiciário*. Porto Alegre: Sergio Antonio Fabris Editor, 1998.

CASTRO, Guilherme Couto. *A responsabilidade Civil Objetiva no Direito Brasileiro*. 2. ed., São Paulo: Forense, 1997.

CASTRONOVO, Carlo. *La Nuova Responsabilità Civile*. 2. ed., Milão: Dott. A. Giuffrè – Editore, 1997.

CAVALCANTI, Amaro. *Responsabilidade Civil do Estado*. 2. ed., Rio de Janeiro: Borsoi, 1956.

CAVALIERI FILHO, Sérgio. *Programa de Responsabilidade Civil*. São Paulo: Malheiros, 1998.

COLLIN, Ambrosio; CAPITANT, Henry. *Curso Elemental de Derecho Civil*. Madrid: Instituto Editorial Réus, 1960.

COLLUCCI, Maria da Glória Lins da Silva. *Responsabilidade do Estado na Custódia do Preso* in Jurisprudência Brasileira, vol. 137, p. 11-21, Paraná, 1988.

CORRÊA, Elizeu de Moraes. *Responsabilidade civil do Estado no Direito brasileiro*: Há princípio único regulador in: Revista da Faculdade de Direito de Curitiba/PR, número 28, 1995, p. 211-226.

COSTA, Mário Júlio de Almeida. *Direito das Obrigações*. 6. ed., Portugal, Coimbra: Livraria Almedina, 1994.

COUTO E SILVA, Almiro do. *A Responsabilidade Extracontratual do Estado no Direito Brasileiro*. (trabalho datilografado e inédito)

CRETELLA, J. JÚNIOR. *O Estado e a obrigação de indenizar*. Rio de Janeiro: Forense, 1998.

——. *Responsabilidade do Estado por Ato Legislativo*, *in Revista de Direito Administrativo*, vol. 153, 1983, p. 15-34.

——. *Responsabilidade do Estado por Atos Judiciais*, *in Revista Forense*, vol. 230, p. 37-46.

DALLARI, Dalmo de Abreu. *O Poder dos Juízes*. São Paulo: Saraiva, 1996.

DELGADO, José Augusto. Responsabilidade Civil do Estado pela demora na prestação jurisdicional, *in Revista da AJURIS*, vol. 29, p. 17-29, Porto Alegre, 1983.

DERGINT, Augusto do Amaral. *Responsabilidade do Estado por Atos Judiciais*. São Paulo: RT, 1994.

DI PIETRO, Maria Sylvia Zanella. *Direito Administrativo*. São Paulo: Atlas, 1990.

DIAS, José de Aguiar. *Da Responsabilidade Civil*. 7. ed. São Paulo: Forense, vol. 1-2, 1983.

———. Responsabilidade civil do Estado no Brasil e em Portugal, *in Revista Jurídica*, vol. 116, p. 232-253.

———. *Responsabilidade Civil em Debate*. Rio de Janeiro: Forense, 1983.

DIEZ-PICAZO, Ignacio. *Poder Judicial y Responsabilidad*. Madrid, Espanha: Ed. La Ley S/A, 1990.

EHERLICH, Eugen. *Fundamentos da Sociologia do Direito*. Brasília: Editora da UNB, 1986.

ENTERRÍA, Eduardo García de. *Democracia, Jueces y Control de la Administracion*. 4. ed., Madrid, Espanha: Editorial Civitas, 1998.

FAGUNDES, Miguel Seabra. *Curso de Direito Administrativo*. São Paulo: RT, 1991.

———. *O Controle dos Atos Administrativos pelo Poder Judiciário*. 6. ed., São Paulo: Saraiva, 1984.

FERRACINI, Luiz Alberto. *Improbidade Administrativa*. São Paulo: Ed. Julex, 1998.

FIGUEIRA JÚNIOR, J. D.. *Responsabilidade Civil do Estado-Juiz*, Juruá, 1995.

FIGUEIREDO, Lúcia Valle. *Curso de Direito Administrativo*. 2. ed., São Paulo: Malheiros, 1995.

FRADERA, Vera Maria Jacob de (org.). *O Direito Privado brasileiro na visão de Clóvis do Couto e Silva*. Porto Alegre: Livraria do Advogado, 1997

FREITAS, Juarez. *A interpretação sistemática do Direito*. São Paulo: Malheiros, 1995.

———. *Estudos de Direito Administrativo*. 2. ed., São Paulo: Malheiros, 1997.

———. *O controle dos Atos Administrativos e os princípios fundamentais*. São Paulo: Malheiros, 1997.

GASPARINI, Diogenes. *Direito Administrativo*. 4. ed., São Paulo: Saraiva, 1995.

GIGENA, Julio I. Altamira. *Responsabilidad del Estado*. Buenos Aires: Astrea, 1973.

GOMES, Luiz Flávio. *Dimensão da Magistratura no estado constitucional e democrático de direito*. São Paulo: RT.

GOMES, Orlando. *Obrigações*. 12. ed., Rio de Janeiro: Forense, 1999.

———. *Introdução ao Direito Civil*. Rio de Janeiro: Forense, 1979.

GONÇALVES, Carlos Roberto. *Responsabilidade Civil*. 6. ed., São Paulo: Saraiva, 1995.

GONÇALVES, Luiz da Cunha. *Tratado de Direito Civil*. São Paulo: Max Limonad, 1957. Edição adaptada ao Direito brasileiro por NONATO, Orozimbo; MANSO, Costa; CAMARGO, Laudo de e RÁO, Vicente.

GORCZEWSKI, Clovis. *Formas Alternativas para Resolução de Conflitos*. Porto Alegre: Livraria do Advogado, 1999.

GORDILLO, Augustin A. *Tratado de Derecho Administrativo*. Parte Geral. Buenos Aires: Ediciones Macchi, 1995.

GOYANES, Enrique Sánchez. *Constitución Española Comentada*. 21. ed. Espanha: Paraninfo, 1998.

A responsabilidade do Estado e do Magistrado

GUARNIERI, Carlo. *L'Indipendenza della Magistratura*. Itália: Casa Editrice Dott. Antônio Milani, 1981.

GUERRA FILHO, Willis Santiago. *Autopiese do Direito na Sociedade Pós-Moderna - Introdução Sistêmica*. Porto Alegre: Livraria do Advogado, 1998.

GUIMARÃES, Mário. *O juiz e a Função Jurisdicional*. Rio de Janeiro: Forense, 1958.

HENTZ, Luiz Antônio Soares. *Indenização da Prisão Indevida*. São Paulo: LEUD, 1996.

———. *Indenização do Erro Judiciário*. São Paulo: LEUD, 1995.

LAZZARINI, Alvaro. *Estudos de Direito Administrativo*. São Paulo: RT, 1996.

LEÃO, Antônio Carlos Amaral. A segurança pública e a responsabilidade do Estado, *in Revista dos Tribunais*, n. 622, São Paulo, 1987.

LIMA, Alvino. *Culpa e Risco*. 2. ed., São Paulo: RT, 1998.

LIMA, Ruy Cirne. Princípios de Direito Administrativo. São Paulo: RT, 1982.

LIRA, Ricardo Pereira. Responsabilidade Civil pelo Furto de Veículos, *in Revista de Direito Civil*, RT, vol. 52, pág.6-29.

LOPES, João Batista. Perspectivas Atuais da Responsabilidade Civil no Direito Brasileiro, *in: Revista de Jurisprudência do Tribunal de Justiça do Estado de São Paulo*, vol. 57, São Paulo: Lex Editora, p.13-25, 1979.

LOPES, Miguel Maria de Serpa. *Curso de Direito Civil*. 4. ed., vol. 5, Livraria Freitas Bastos, 1995.

LUCENA, João Paulo. *Natureza Jurídica da Jurisdição Voluntária*. Porto Alegre: Livraria do Advogado Editora, 1996.

MARIENHOFF, Miguel S.. *Responsabilidad Extracontratual del Estado por las consecuencias de su actitud "omisiva" en el ámbito del derecho público*. Buenos Aires/Argentina: Abeledo-Perrot, 1996.

MARTIN, Valeriano Hernandez. *Independencia del Juez y Desorganizacion Judicial*. Madrid: Editorial Civitas, 1991.

MARTINS-COSTA, Judith. *Revista da Faculdade de Direito da UFRGS*, vol. n° 4, 1998, p. 133.

MAZEUD, Henri y Léon – André Tunc. *Tratado Teórico y Práctico de la Responsabilidad Civil delictual y contratual*. Buenos Aires: Ediciones Jurídicas Europa-América, 1957.

MEDEIROS, Rui. *Ensaio Sobre Responsabilidade Civil do Estado por atos legislativos*. Coimbra, 1992.

MEDAUAR, Odete. *Direito Administrativo Moderno*. São Paulo: RT, 1996.

MEIRELLES, Hely Lopes. *Direito Administrativo Brasileiro*. 24. ed. São Paulo: Malheiros, 1999.

MELLO, Celso Antônio Bandeira de. *Curso de Direito Administrativo*. 9. ed. São Paulo: Malheiros, 1997.

———. Responsabilidade Extracontratual do Estado por comportamento Administrativos, *in Revista dos Tribunais*, vol. 552, p. 11-20, 1981.

MIRANDA, Vicente. *Poderes do Juiz no Processo Civil Brasileiro*. São Paulo: Saraiva, 1993.

MORAES, Nélson Teixeira de Barros. *Da Responsabilidade civil do Estado na ação Rescisória de Julgado*. São Paulo: Revista Justitia, ano XXXIII, p. 75-78, 1971.

MOREIRA NETO, Diogo de Figueiredo. *Curso de Direito Administrativo*. 10. ed., Rio de Janeiro: Forense, 1994.

NALINI, José Renato. *Ética e Justiça*. São Paulo: Oliveira Mendes, 1998.

NANNI, Giovanni Ettore. *A Responsabilidade Civil do Juiz*. São Paulo: Max Limonad, 1999.

NASCIMENTO, Tupinambá Miguel Castro do. *Responsabilidade Civil do Estado*. Rio de Janeiro: Aide, 1995.

NAVARRO, Maria Luiza Atienza. *La Responsabilidad Civil del Juez*. Espanha: Tirant lo Blanch, 1997.

NETO, Alberto Bittencourt Cotrim. *Da responsabilidade do Estado por Atos do Juiz em face da Constituição de 1988*. Porto Alegre: Revista AJURIS, vol. 55, p. 76-103, 1992.

OLIVEIRA, Carlos Alberto Alvaro. *Do Formalismo no Processo Civil*. São Paulo: Saraiva, 1997.

OLIVEIRA, Regis de. *Curso de Direito Administrativo*. 9. ed., São Paulo: Malheiros, 1997.

——. *O Juiz na Sociedade Moderna*. São Paulo: FTD, 1997.

OSÓRIO, Fábio Medina. *Improbidade Administrativa*. Porto Alegre: Síntese, 1997.

PEREIRA, Caio Mário da Silva. *Instituições de Direito Civil*. 19. ed. Rio de Janeiro: Forense, 1999.

——. *Responsabilidade Civil*. 9. ed. Rio de Janeiro: Forense, 1998.

PLANITZ, Hans. *Principios de Derecho Germanico*. Barcelona/Espanha: Casa Editorial Bosch, 1957.

REALE, Miguel. *O Estado Democrático de Direito e o Conflito das Ideologias*. São Paulo: Saraiva, 1998.

——. *Responsabilidade Civil do Estado*. São Paulo: RT, Revista de Direito Público, vol. 87, p.24/34, 1988.

REDENTI, Enrico. *Derecho Procesal Civil*. Buenos Aires: Ediciones Juridicas Europa-America, 1957.

REIS, Clayton. *Avaliação do Dano Moral*. Rio de Janeiro: Forense, 1998.

ROSA, Márcio Fernando Elias. 3. ed., São Paulo: Atlas, 1998.

ROSEMBERG, Leo. *Tratado de Derecho Procesal Civil*. Buenos Aires: Ediciones Juridicas Europa-América, 1955.

SÁ, Hermano de. Responsabilidade Civil do Estado, *in Revista Forense*, vol. 260, p. 135-142, 1977.

SALAZAR, Alcino de Paula. *Responsabilidade do Poder Público por Atos judiciais*. Rio de Janeiro: Est.Gra Canton e Reile, 1941.

SARLET, Ingo Wolfgang. *A Eficácia dos Direitos Fundamentais*. Porto Alegre: Livraria do Advogado Editora, 1998.

SÉ, João Sento. *Sobre a Responsabilidade Civil do Estado-Juiz*. Salvador: Bahia Forense, vol. 27, p. 47-57, 1986.

SEVERO, Sérgio. *Os danos Extrapatrimoniais*. São Paulo: Saraiva, 1996.

SILVA, Américo Luís Martins da. *O Dano Moral e a sua Reparação Civil*. São Paulo: RT, 1999.

SILVA, Clóvis Veríssimo do Couto e. Dever de Indenizar, *in Revista de Jurisprudência do Tribunal de Justiça do Rio Grande do Sul*, vol. 06, p. 1-20, Porto Alegre, 1967.

SILVA, Juary O. Responsabilidade civil do Estado por Atos jurisdicionais, *in Revista dos Tribunais*, vol. 351, p. 37-50, São Paulo, 1965.

SILVA, Octacílio Paula. *Ética do Magistrado á luz do direito comparado.* São Paulo: RT, 1994.

SILVA, Ovídio A. Baptista da. *Curso de Processo Civil.* Porto Alegre: Sergio Antonio Fabris Editor, 1996.

SILVA, Wilson Melo da. *O Dano Moral e sua Reparação.* 3. ed. Rio de Janeiro: Forense, 1983.

——. *Responsabilidade Sem Culpa.* São Paulo: Saraiva, 1974.

SILVEIRA, Alfredo Balthazar da. Do Poder Judiciário, *in Poder e Responsabilidade em Administração Pública.* Rio de Janeiro: Fundação Getúlio Vargas, p. 271-282, 1995.

STARK, Christian, *El Concepto de Ley en la Constitucion Alemana.* Ciência Política. Madrid: Centro de Estudios Constitucionales, 1979.

STOCO, Rui. *Responsabilidade Civil e sua interpretação Jurisprudencial.* 3. ed. São Paulo: RT, 1997.

STRECK, Lenio Luiz. *Cadernos de Pesquisa da Unisinos.* São Leopoldo: Unisinos, n° 02, 1997.

SUPREMO TRIBUNAL FEDERAL, recurso extraordinário 178806-2/RJ, 2ª Turma, rel. Ministro Carlos Veloso DJU 30 de junho de 1995, p. 20485.

TAWIL, Guido Santiago. *La Responsabilidad del Estado y los magistrados y funcionarios por el mal Funcionamento de la administración de Justicia.* 2. ed., Buenos Aires: Depalma, 1993.

TEIXEIRA, Sálvio de Figueiredo. *A formação do Juiz contemporâneo.* Porto Alegre: Revista AJURIS, n° 72, p. 46-57, 1998.

TEPEDINO, Gustavo. *Temas de Direito Civil.* Rio de Janeiro: Renovar, 1999.

TRUJILLO, Elcio. *Responsabilidade do Estado por Ato Lícito.* São Paulo: Editora de Direito, 1996.

TRUJILLO, Rafael Durán. *Nociones de Responsabilidad Civil.* Bogotá: Editorial Temis, 1957.

TUCCI, Rogério Lauria; CRUZ TUCCI, José Ricardo. *Constituição de 1988 e Processo.* São Paulo: Saraiva,1989.

TURH, A. Von. *Tratado de las Obrigaciones.* Madrid: Editorial Réus, 1934.

VARGAS, Jorge de Oliveira. *Responsabilidade Civil do Estado pela demora na prestação da Tutela Jurisdicional.* Curitiba: Juruá Editora,1999.

VILLA, Jesus Leguina. *La Responsabilidad Civil de la Administracion Publica.* Madrid: Editorial Tecnos, 1970.

WESTERMANN, Harm Peter. *Código Civil Alemão – Direito das Obrigações –* Parte Geral.

ZAFFARONI, Eugênio Raul. *Poder Judiciário.* São Paulo: RT, 1995.

ZENUN, Augusto. *Dano Moral.* 7. ed. Rio de Janeiro: Forense, 1998.